合肥工业大学"双一流"学科文化建设系列丛书

艰苦创业 工业立校

——合肥工业大学建校初期珍贵档案图册

吴卫丰 陈晓媛 编著

合肥工业大学出版社

图书在版编目(CIP)数据

艰苦创业 工业立校：合肥工业大学建校初期珍贵档案图册/吴卫丰，陈晓媛编著.

合肥：合肥工业大学出版社，2025. -- ISBN 978 - 7 - 5650 - 7207 - 9

Ⅰ.G649.285.41 - 64

中国国家版本馆CIP数据核字第20250WL948号

艰苦创业 工业立校
——合肥工业大学建校初期珍贵档案图册

吴卫丰　陈晓媛　编著 　　　　　　　　责任编辑　郭娟娟

出　版	合肥工业大学出版社	版　次	2025年6月第1版	
地　址	合肥市屯溪路193号	印　次	2025年6月第1次印刷	
邮　编	230009	开　本	787毫米×1092毫米　1/16	
电　话	人文社科出版中心：0551 — 62903200	印　张	7.5	
	营销与储运管理中心：0551 — 62903198	字　数	80千字	
网　址	press.hfut.edu.cn	印　刷	安徽联众印刷有限公司	
E-mail	hfutpress@163.com	发　行	全国新华书店	

ISBN 978 - 7 - 5650 - 7207 - 9　　　　　　　　　　定价：78.00元

如果有影响阅读的印装质量问题，请与出版社营销与储运管理中心联系调换。

前　言

　　岁月荏苒，风雨沧桑。合肥工业大学走过了八十载光辉历程。

　　百年的中国近代史告诉我们，"中国之患在于弱，弱之因在于贫，贫之因在于工业不振"。回顾学校初创时期历史，合肥工业大学诞生于抗日战争的硝烟散尽之际，其后三易其址，几经更名与分并重组，从最初的依靠办学培养工业人才以寻求"工业救国"之路，发展到新中国成立后在中国共产党的领导下，兴校图强，走上"工业报国"之路。可以说，老工大人深怀"工业救国""教育救国"理想，克服重重困难，在艰难中求生存、谋发展，以"能自食其力者贵、以有用于世为尊"自励，彰显了"艰苦奋斗、自强不息"的精神，为合肥工业大学的发展和建设积累了丰富的文化内涵。

　　回首这段历史，工大人大公无私、诲人不倦的执着追求，自强不息、拼搏奉献的精神品格，孜孜不倦、严谨求实的教风和学风，团结奋进、不计名利的高尚品质，都是合肥工业大学建校八十年来的精神内核，也是工大人继续砥砺前行的不竭动力。

　　为进一步深入学习贯彻习近平文化思想，加强文化强国建设，迎接建校八十周年，更好展示合肥工业大学根植于中国工业发展的成长历程，客观呈现学校早期的发展脉络和办学特色，合肥工业大学档案馆经过近一年的努力，对馆藏史料进行了挖掘、整理、考订、分类，最终完成此书并出版，成为我校"双一流"文化建设中一项重要的阶段性成果和八十周年校庆的重要文化产品。

雄关漫道真如铁，而今迈步从头越。合肥工业大学档案馆将继续坚持"为党管档、为校守史、为学校中心工作和广大师生校友服务"的宗旨，发挥好档案存史、资政和育人功能，不忘初心、牢记使命，努力实现档案文化创造性转化、创新性发展，为学校文化育人做出独特贡献。

目　　录

一、崛起江淮　兴校图强　‖001

二、艰苦奋斗　自强不息　‖012

三、严谨求实　兢兢业业　‖056

四、攻坚克难　砥砺前行　‖075

五、领导关怀　春风化雨　‖105

后　记　‖114

一、崛起江淮　兴校图强

回顾合肥工业大学八十年的办学历史，是一部从"工业救国"寻求民族独立，到在中国共产党的领导下"工业报国"寻求民族振兴的奋斗历程。从蚌埠到淮南再到合肥，从安徽省立蚌埠工业职业学校到安徽省立工业专科学校，到合肥矿业学院，再到合肥工业大学，让我们从学校馆藏档案出发，在泛黄的纸张中一探合肥工业大学肇始之初的艰难过程和创建的重大意义。这一张张老照片、一份份旧文件，展现了早期工大人"工业救国""教育救国"的崇高使命和责任担当，合肥工业大学"工业报国"的思想与情怀也由此开启。

经过八十载的传承与发展，一代代工大人不忘初心、勇毅前行，赓续前辈们"艰苦奋斗、自强不息"的精神和严谨、务实的作风，面对时代赋予的一轮又一轮新课题，始终秉承"工业报国"初心，努力为教育强国建设做出新的更大贡献！

（一）初创于蚌埠

安徽省立蚌埠工业职业学校印章
（资料来源：合肥工业大学档案馆　档号：1945-Y-SW-0001）

1945年抗日战争胜利以后，江淮大地满目疮痍、民不聊生，为国家、地方和社会培养急需的工业人才成为人民共同的愿望，而当时的安徽省没有一所公立的高等工科院校。这时以毕仲翰为首的一大批有识之士怀着"工业救国"的理想，积极投身教育事业。当时皖北的蚌埠、淮南等地区有一定的工业基础，急需工业专门人才。在安徽省政府支持下，1945年10月，"安徽省立蚌埠工业职业学校"在蚌埠黄庄诞生，招收土木科和纺织（染织）科2科3个班学生，共计150人。

1946年9月，安徽省政府教育厅决定将安徽省立蚌埠工业职业学校更名为安徽省立蚌埠高级工业职业学校。学校于当月20日启用新印。

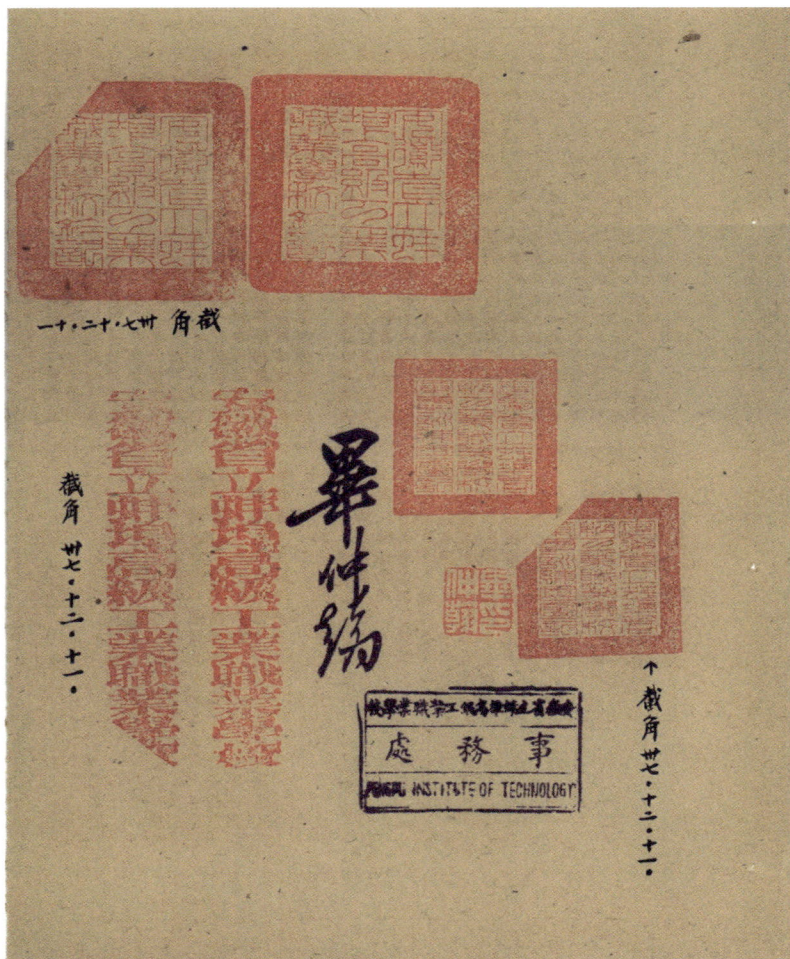

1947年安徽省立工业专科学校成立后，原安徽省立蚌埠高级工业职业学校公章注销截角
（资料来源：淮南市档案馆）

（二）发展于淮南

1947年1月13日，安徽省政府教育厅发布"中高字第43号"训令，决定安徽省立工业专科学校在省立蚌埠高级工业职业学校的基础上升格办理。6月，学校由蚌埠迁往淮南洞山新址，挂牌"安徽省立工业专科学校"，是当时安徽省"唯一工业教育最高学府"，"旨在培养高级技术人才"。学校设土木工程、机械工程、电机工程3科，每科各招收1个班，此3科"均为重工业之基础，切合当前实际需要"。

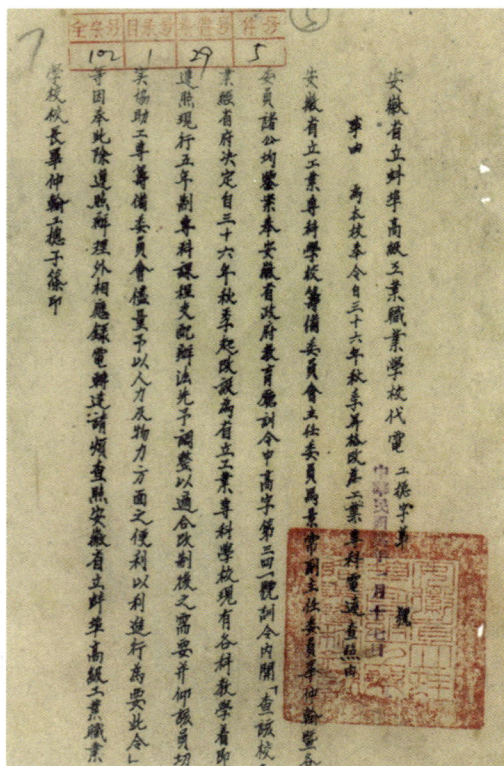

1947年，安徽省立蚌埠高级工业职业学校代电，
学校改设为安徽省立工业专科学校
（资料来源：淮南市档案馆）

新中国成立以后，党和国家的工作重心转移到恢复经济和发展生产上来，各项经济建设都急需专门人才，尤其是工业建设人才。学校坚定遵照国家建设的总体安排，立足于煤炭工业建设需要，设置煤炭相关专业，培养专门人才，在"工业报国"的道路上做出了积极贡献。

1950年1月，学校归华东军政委员会工业部领导，校名改称"淮南工业专门学校"。

6月，学校又改归中央人民政府燃料工业部煤矿管理总局和华东军政委员会教育部双重领导。

10月，学校改名为"淮南工业专科学校"。11月，改名为"淮南煤业专科学校"。

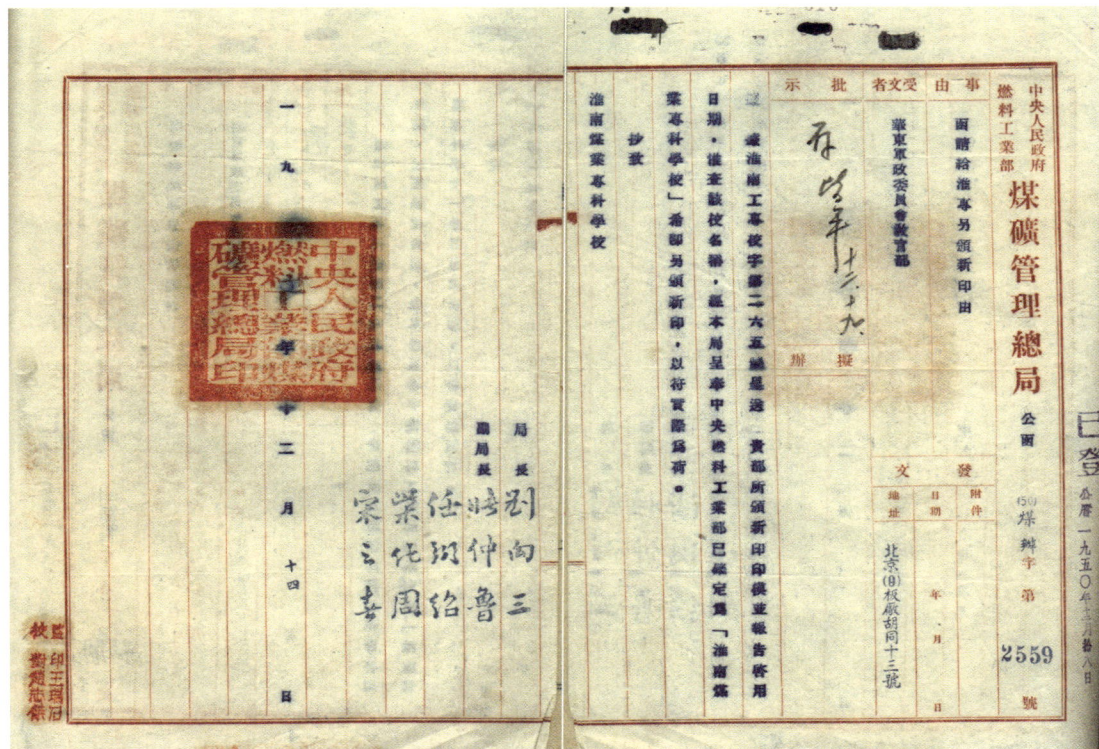

1950年12月，中央人民政府燃料工业部煤矿管理总局颁发新印"淮南煤业专科学校"
（资料来源：合肥工业大学档案馆　档号：1950-Y-DZ-0001-014）

　　1951年3月13日，燃料工业部煤矿管理总局批准学校改名为"中国煤矿工业专科学校"。同年5月，华东军政委员会教育部通知：中央教育部4月17日"高一字第355号"文件批复，校名改为"淮南煤矿工业专科学校"。

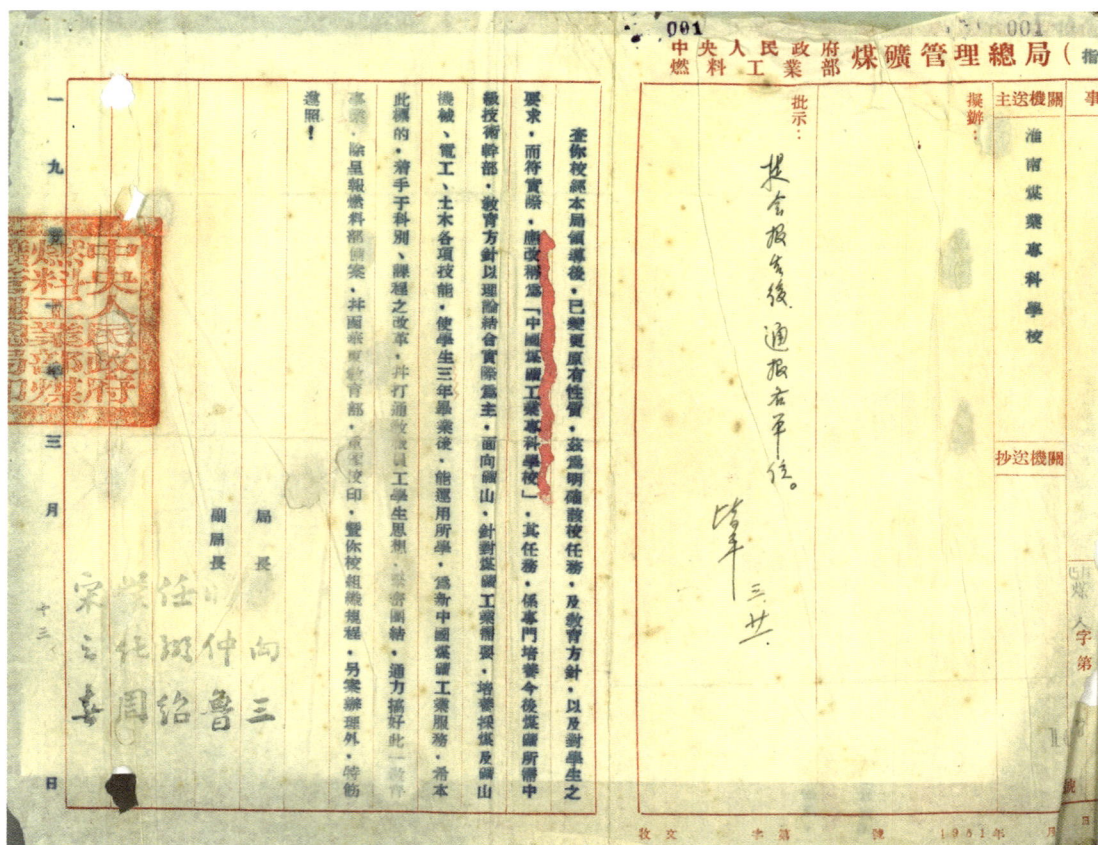

1951年3月13日学校改名为中国煤矿工业专科学校
（资料来源：合肥工业大学档案馆　档号：1951-Y-DZ-0004-001）

華東軍政委員會教育部（公函）

002

抄致
淮南煤業專科學校

事由　為本部改名為華中教部批示遵查照轉匣由

受文者　中央燃料工業部煤礦管理總局

(一)三月十三日煤人字第一一〇六號函悉。

(二)關於淮南煤礦專科學校要求改校名一節，經抄同來函呈華中央教育部四月十七日高一字第三五五號批
復略謂：「經核該校校名應改為「淮南采煤工業專科學校」，以便與其他地區同等性質之學校有所區別，
希轉飭遵行知照」等因。

(三)新印信當由我部另行頒發逕交該校。

(四)相應函達即請查照辦理為荷！

部長吳有訓

校對

發文
地址　上海
字號　教高行□字第
日期　一九五一年

收文字第

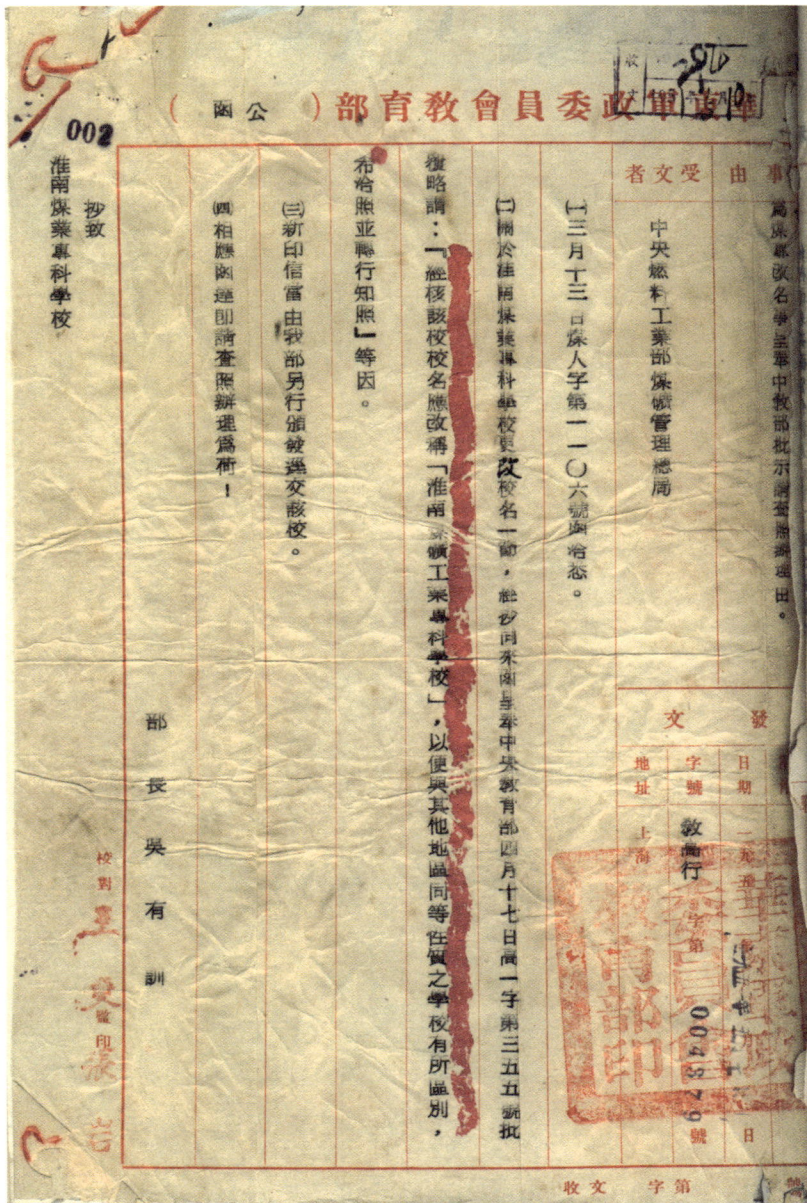

1951年5月学校改名为淮南煤矿工业专科学校
（资料来源：合肥工业大学档案馆　档号：1951-Y-DZ-0004-002）

（三）兴校于合肥

　　淮南煤矿工业专科学校成立以后，学校在煤矿工业的人才培养方面做出了突出成绩。1954年，学校向煤矿管理总局等上级部门呈送对于发展问题及校址问题的意见，其中提到"洞山僻处乡村，与其他学校交换教学经验不便，学术影响很少……距离上级较远……更应另择一适当地点重新建校……"经过多方呼吁和努力，1954年10月23日，燃料工业部下文，"决定将你校改为华东矿业学院，并迁往合肥建校"。

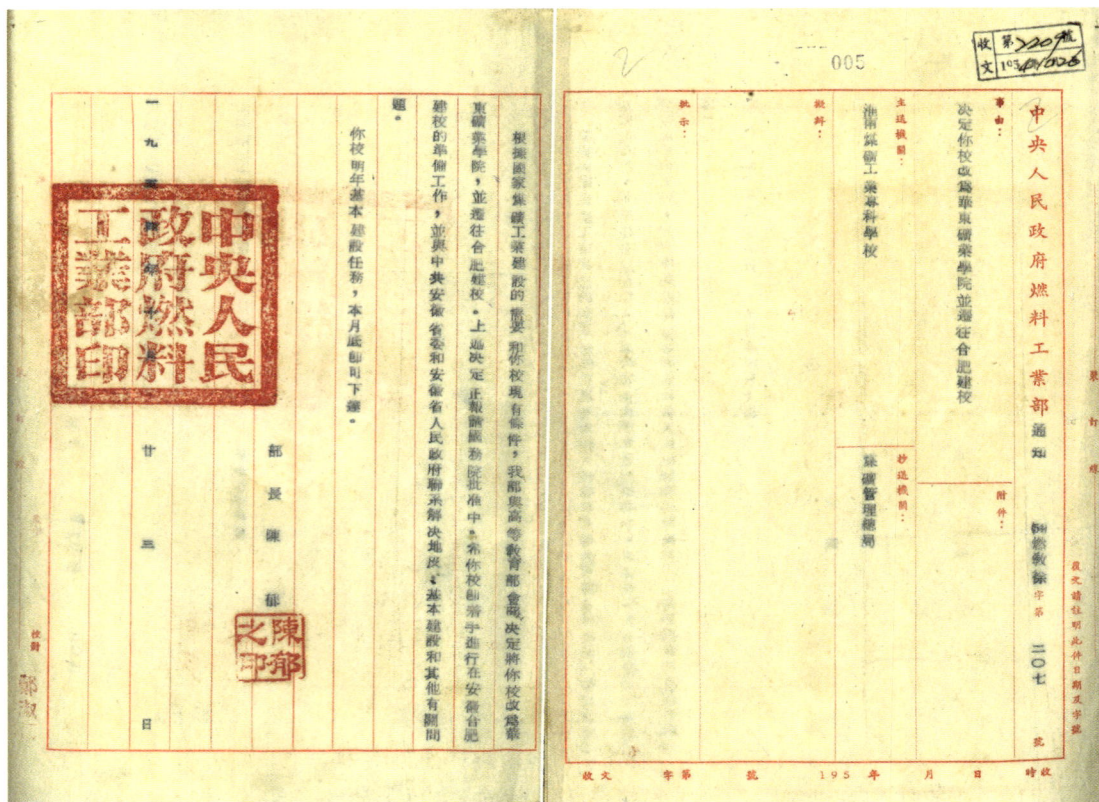

1954年，燃料工业部下文决定学校改名为华东矿业学院并迁往合肥建校
（资料来源：合肥工业大学档案馆　档号：1954-Y-DZ-0001-002）

1955年1月，高等教育部指示，将"华东矿业学院建校委员会"改称为"合肥矿业学院建校委员会"。

2月，高等教育部和燃料工业部同意在合肥建校，学校立即成立基建机构，着手在合肥准备选址、购地、新建校舍等工作。

3月9日，经国务院批准，淮南煤矿工业专科学校改建为合肥矿业学院。

5月14日，学校在淮南洞山正式挂牌，并于1956年暑假合肥新校舍建成后正式迁往合肥。

这时学校各专业全部招收四年制本科新生，停招专科学生。至此，学校完成了由早期的专科院校向本科院校的转变，迈入了一个崭新的发展时期。

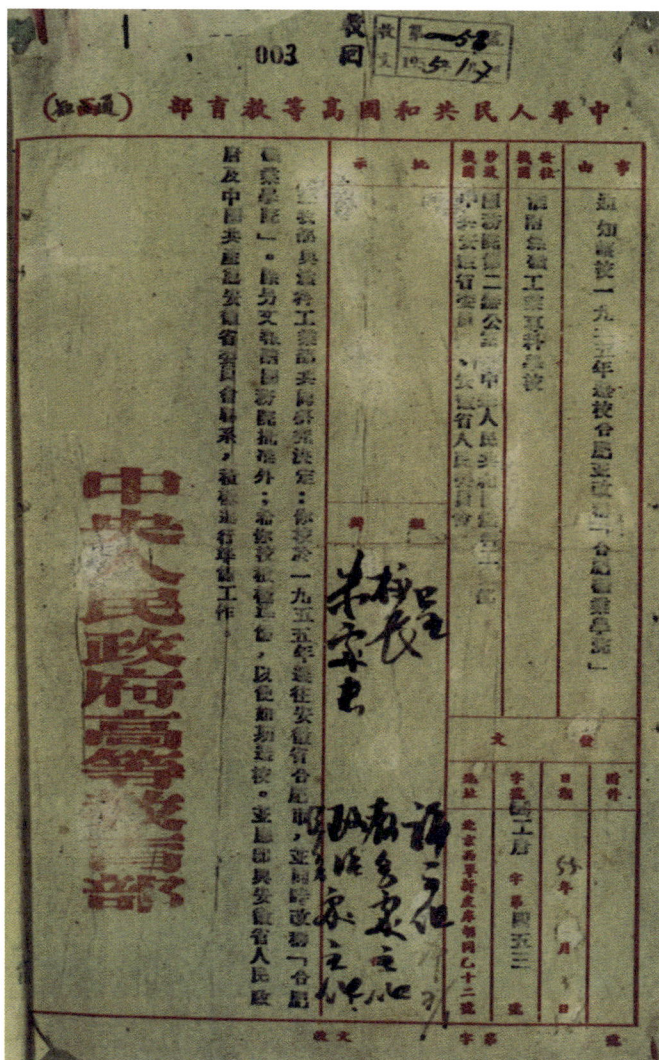

1955年，高等教育部发文同意学校迁往合肥并改称"合肥矿业学院"
（资料来源：合肥工业大学档案馆
档号：1955-Y-DZ-0002-002）

为适应安徽省工业发展和学校发展的需要，1958年8月，合肥矿业学院提出"更名为合肥工业大学"的申请。9月16日，中央同意将合肥矿业学院更名为合肥工业大学。学校由原先的单科性矿业学院发展成为一个多科性的工业大学，这是学校发展史上的一次重大转变，学校由此进入了一个崭新的发展时期。

1958年10月7日，学校举行庆祝合肥工业大学成立大会，中共安徽省委第一书记曾希圣同志在大会上做重要指示，"我校贯彻党的教育方针，有欣欣向荣的气象"，"要把教与学、学与做密切结合起来；改革教学方式，试行互学互教"。这次大会以后，学校决定将10月7日定为校庆日。

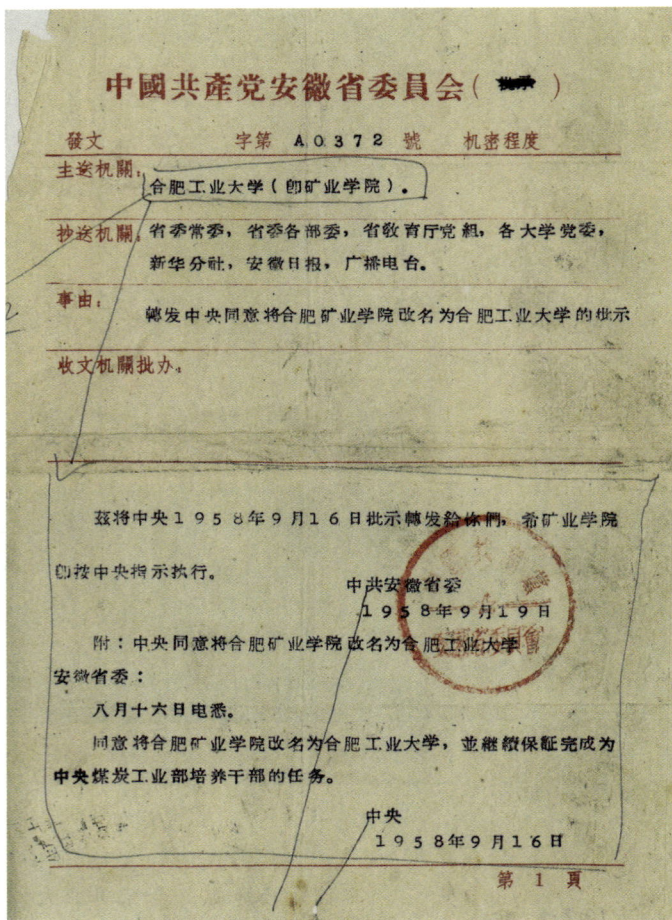

"合肥矿业学院"改名为"合肥工业大学"
（资料来源：中央档案馆）

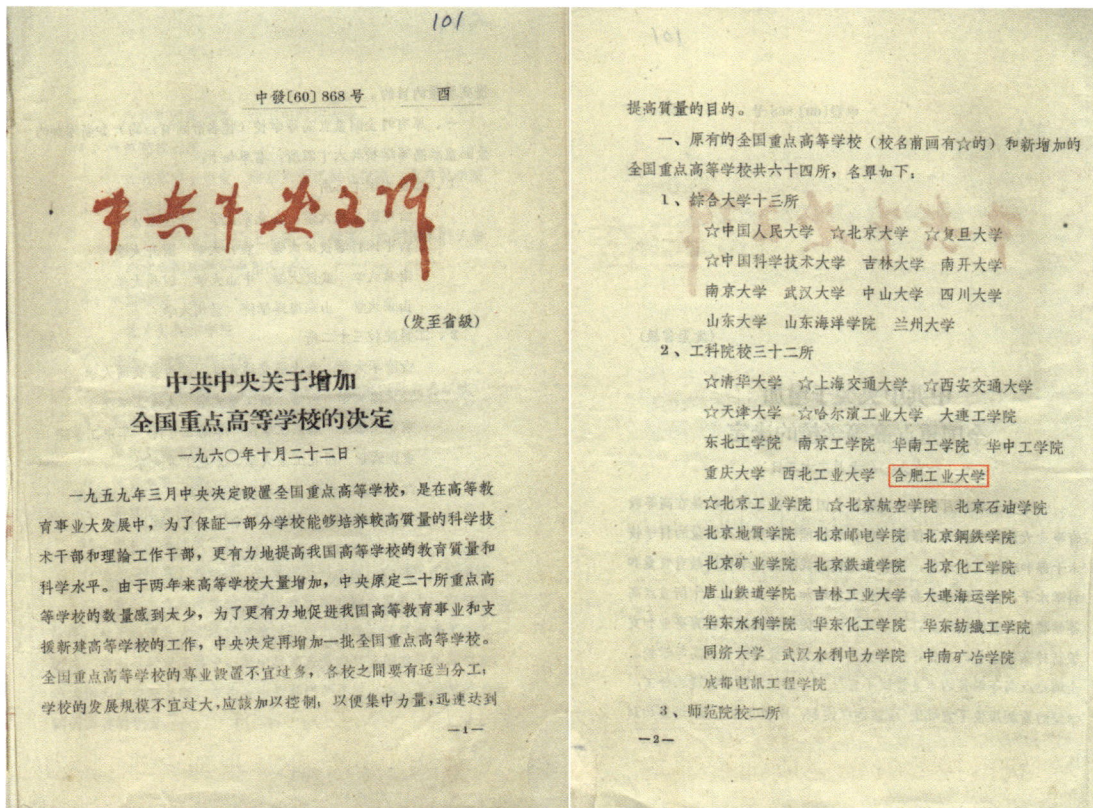

中共中央下发《关于增加全国重点高等学校的决定》，
合肥工业大学成为全国重点高校
（资料来源：合肥工业大学档案馆　档号：1960-Y-DZ-0003-035）

　　1959年3月，中共中央决定在原有的20所重点高校的基础上，再增设一批全国重点高等学校。鉴于合肥工业大学在这一阶段的教育教学、科学研究、办学条件等各方面均有了较大的发展，学校向安徽省委提出申请，希望被列为全国重点大学，得到了安徽省委及其主要领导的大力支持。

　　1960年10月22日，中共中央下发《关于增加全国重点高等学校的决定》，将合肥工业大学列为全国重点大学，成为全国32所重点工科高等院校之一。学校也从煤炭工业部划出，隶属于教育部和安徽省双重领导。跻身全国重点大学行列成为合肥工业大学发展史上里程碑式的重大事件，学校规模和影响迅速扩大，这一时期成为学校建设和发展最快的时期之一。从此，学校迈向更高层次的发展道路。

二、艰苦奋斗　自强不息

　　合肥工业大学初创之时，面临着办学条件简陋、教学师资紧缺、办学经费不足等诸多困难。但是老一辈工大创建者们不畏艰难，秉承着"工业救国"与"工业报国"的初心和理念，发扬艰苦奋斗、自强不息的奉献精神，完成了学校的早期建设，为日后发展奠定了基础。

　　从早期的茅草屋到初具规模的教学实验用房，从多方筹措资金完成师资增聘到获得拨款资助完成师资配备，从早期仅有的3个学科专业到多学科发展，从面临理论教学与实践脱节到全面贯彻实行以教学为中心的"三结合"教育工作方针，早期的工大师生主动投入科研与生产劳动，积极参加实践教学，自制教学仪器和设备，扩建实验室，大大提高了教学质量。教师严谨的工作作风培养了一批批优秀的毕业生，为祖国工业建设输送了大批亟需的专业人才。同时，学校还十分重视与国外的交流与合作，与苏联、越南等国家高校密切合作，通过合作项目、交换培养学生等方式增进联系。另外，学校还十分重视学生的身体健康和体育锻炼，培养了多位优秀运动员，破多项全国纪录，在全国高校"劳卫制"比赛中夺得第一名，贺龙副总理亲自授予了"全国体育运动红旗院"的奖旗。

（一）校舍变迁

1945年抗日战争胜利后，安徽省政府决定，将抗战期间设在金寨天堂湾的安徽省立工业职业学校一分为二，分别迁往蚌埠、安庆两地，另行组建，开办新校。1945年秋，这所学校的纺织、土木等班级的师生迁至蚌埠黄庄（现蚌埠一中附近），开办了安徽省立蚌埠工业职业学校，这便是合肥工业大学的前身。学校将日本侵略者占用过的数十间房屋和一座能容纳四五百人的礼堂改作为校舍。图为初创时期的草棚校舍，墙体外用木头支撑着，可见当时的教学条件十分艰苦。

1945年学校初创时期的草棚校舍
（资料来源：合肥工业大学档案馆　档号：1945-Y-SX12-0001）

　　1947年3月15日，安徽省立工业专科学校筹委会第一次全体委员大会决定，按照省政府的要求，学校由蚌埠黄庄迁往淮南洞山新校址办学。淮南路矿公司积极支持这一决定，将该公司位于田家庵近郊废弃的洞山矿场房屋90余间及地基百余亩，拨给学校作为校址。学校迁到洞山后，又新购土地100余亩。经过3个多月紧张的修缮、添建，学校大体分成校本部、学生生活区和新建区3个区域，总建筑面积约7000平方米，一直沿用至新中国成立后。图为20世纪50年代初淮南煤矿工业专科学校时期的老校舍，从外观可以看出房屋质量较差，条件非常简陋。

淮南煤矿工业专科学校老校舍
（资料来源：合肥工业档案馆老照片）

　　新中国成立后，学校隶属关系几经变更，校名也多次更改，但学校从未停止过发展，积极筹措资金，增聘师资，调整专业设置，经过不断的整顿、改造和提升，学校的教学环境得到了明显的改善。图为淮南洞山合肥矿业学院新成立时的学校景观，相较于之前的茅草屋校舍，校园整体环境得到了较大的提升。

合肥矿业学院校景（淮南）
（资料来源：合肥工业档案馆老照片）

（二）学科发展

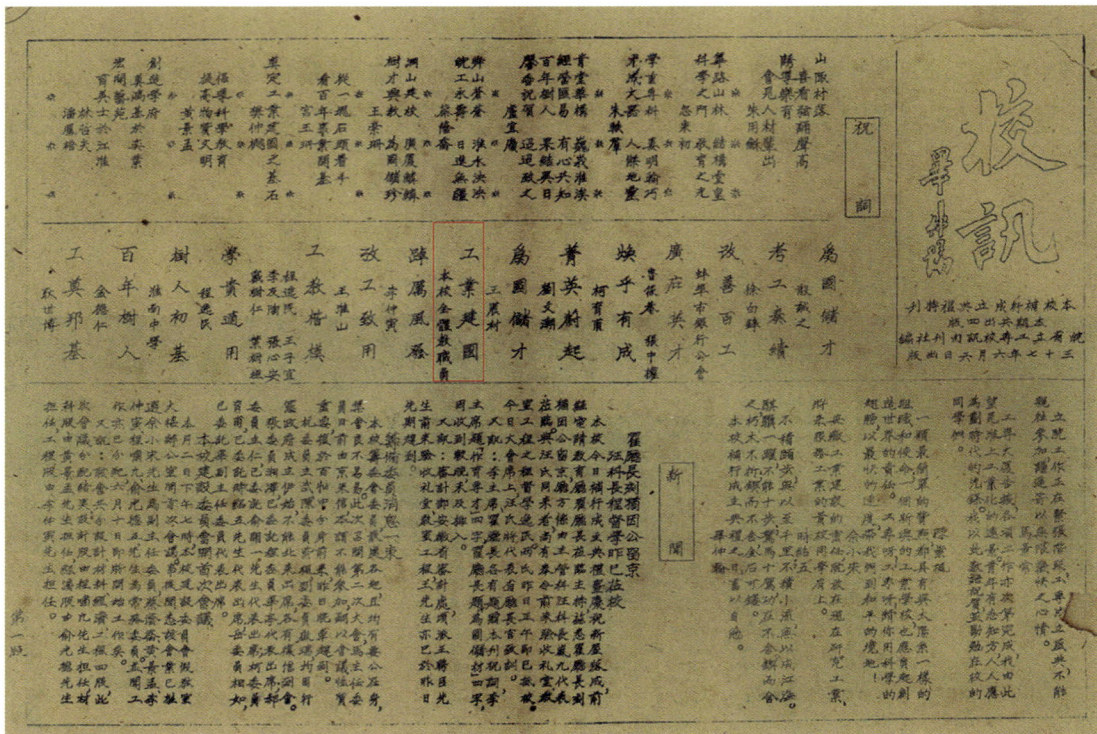

1948年6月6日发行的校讯
（来源：淮南市档案馆）

　　在1948年6月6日出版的安徽省立工业专科学校补行成立典礼的《校讯（特刊）》中，把本校全体教职员的"工业建国"祝词，刊登在社会各界团体与个人祝词中的显著位置，这既表达了学校全体教职员的理想，也彰显了学校践行"工业报国"的初心和使命。

　　在典礼举办前后，安徽省政府政要、筹委会成员、相关社会团体、部分教职员也分别致祝词，其中一条祝词写道："安徽工业建设的重任，就放在现在研究工业、将来服务工业的贵校同学肩上。"从中亦能让后人感受到当时浓浓的"教育救国""工业救国"使命感。

　　1947年8月，安徽省立工业专科学校在淮南洞山正式成立，设土木工程、机械工程、电机工程3科，招生专业以工科人才培养为主要目的，体现了学校"工业救国""教育救国"的初衷。

　　安徽省政府宣布筹建安徽省立工业专科学校后，引起社会各界的广泛关注，《皖北日报》等多家媒体对学校的筹建、招生、校址迁移等进行了综合报道。图为安徽省立工业专科学校在《皖北日报》上公布本校录取土木、机械、电机3科一年级正取生及备取生共3班及义务班1班的消息，并刊登了录取新生名单。

1947年《皖北日报》上刊登的安徽省立工业专科学校录取新生名单
（资料来源：合肥工业大学档案馆　档号：1947-Y-DZ-0001-003）

年　度	专业设置名称	在校学生数	毕业生数	招生数	代训生数	备　注
	矿山机械制造科机械制造专业	221	95	118	1	
	矿山机电科机电专业	213	90	116	1	
	矿山土木科地面建筑专业（修业一年）	84	90	116	2	
1954—1955	矿山土木科地面建筑专业（修业二年半）	43	43			
	矿山土木科矿山企业建筑专业	117		117		
	探煤科地下探煤专业	259	103	151	1	
	矿山机电科矿山机电专业（四年制）	58				
	探煤科矿区开采专业（四年制）	59				
	小　　　　计	1054	415	502	5	
	地下探煤专修科	154	154		1	
	矿山机电专修科	106	106			
	矿山企业建筑专修科	117	117			
1955—1956	矿区开采专业（四年制）	113	113			
	矿山机电专业（四年制）	260		204		
	矿山机械制造专业（四年制）	264		205		
	矿山企业建筑专业	124		121		
	小　　　　计	1260	490	652	1	

—30—

1954年学校首次招收本科生的专业名称及学生数
（资料来源：合肥工业大学档案馆　档号：1960-Y-DZ-001）

　　学校的教育教学工作是在"工业救国"和"教育救国"思想的引领与推动下开启的。从1945年初创时招收土木科、纺织科两个专科专业起步，发展到新中国成立后，学校专业设置多以煤炭开采相关专业为主。1954年，学校增招"矿区开采"和"矿山机电"两个专业共117名四年制本科新生，开始了开办本科试点。1955年，学校改名为合肥矿业学院，原来的各专业全部招收四年制本科新生，停招专科学生。这一时期，学校克服重重困难，不断提升教学层次和水平以适应时代发展需要。

新中国成立后，学校经过几年的建设和发展，在煤炭工业的人才培养方面取得了良好成绩，在教学中注重培养学生的动手能力和实践能力。

合肥工业大学成立后，更是突破了原来专为煤炭工业服务的单科性学科范围，增设化工、机械、冶金、建筑、地质和无线电等为重要工业部门服务的一些系科专业。到1959年，发展为8个系17个专业。

1959年下半年，学校根据安徽省和中央各有关部门提出的建议与要求又增设了13个专业，其中包括重工业方面的工程技术类专业、尖端科学技术类专业和对提高工业科学技术有密切关系的专业。

机制工艺专业59级毕业设计答辩会
（资料来源：合肥工业大学档案馆老照片）

矿山机电系矿山机电专业毕业设计答辩会
（资料来源：合肥工业大学档案馆老照片）

　　1960年4月，学校根据教育部部属重点学校校（院）长座谈会会议精神，确定了以原子能为重点发展方向，以机电为基础，设立了34个工科专业。

1960—1961专业设置情况及学生人数
（资料来源：合肥工业大学档案馆　档号：1960-Y-DZ-0029-001）

学校自1960年开始招收研究生，这标志着合肥工业大学研究生教育的起步
（资料来源：合肥工业大学档案馆　档号：1962-Y-DZ-0016-003）

　　学校自1960年起率先在工业企业电气化自动化、电机电器等方向招收培养研究生。1982年2月，经国务院学位委员会批准，学校机械制造、精密机械仪器、电机、工业自动化、计算机应用、计算数学、固体力学、矿床学、构造地质学和水工结构等10个学科、专业获得了硕士学位授予权。1986年，学校获得2个博士学位授权点。1987年9月，学校第一次招收博士研究生。1990年11月22日，学校培养的第一位博士研究生雷新勇通过论文答辩获得博士学位。从培养本科生到培养硕士、博士研究生，经过多年不懈的努力，学校办学层次又得到大幅提升。

（三）人才培养

　　1946年，安徽省立蚌埠高级工业职业学校刚成立不久，百废待兴。学校克服重重困难，积极增聘师资，扩充校舍，并适应工业人才培养需要，招收土木工程、机械工程、电机工程3个班新生。至1947年春，当时学校已有土木、机械、电机3科共7个班级，在校学生200余人，初步具备了一定的办学条件与办学规模。

1946年，安徽省立蚌埠高级工业职业学校学生成绩报告单存根
（资料来源：合肥工业大学档案馆　档号：1946-Y-JX-0001）

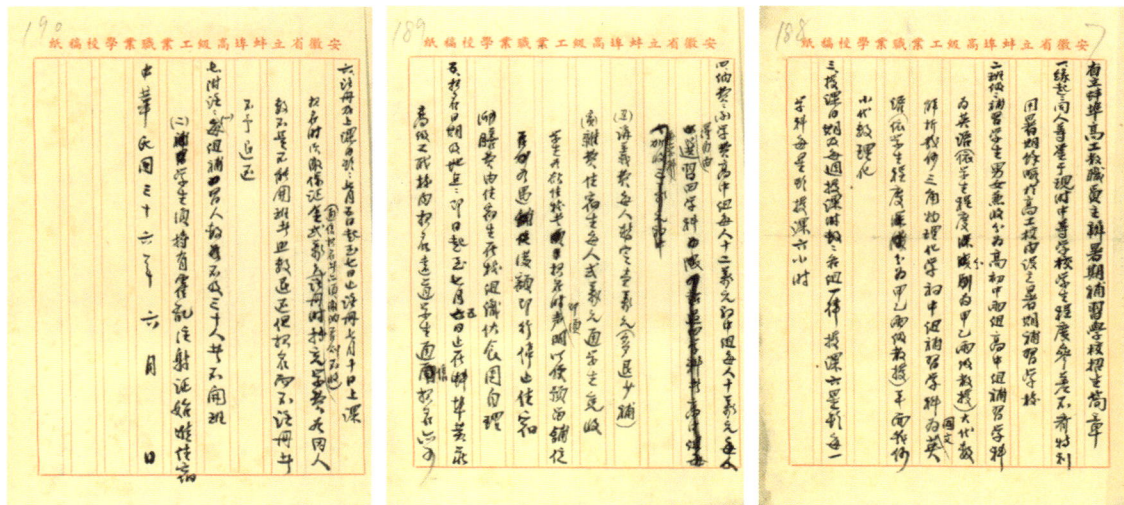

安徽省立蚌埠高级工业职业学校主办暑期补习学校的招生简章
（资料来源：合肥工业大学档案馆　档号：1947-Y-DZ-0002-007）

　　1947年，安徽省立蚌埠高级工业职业学校针对招收的学生学习成绩参差不齐问题，特利用暑假开设暑期补习学校，分高、初中两组，依据学生学习程度，每组分甲、乙两级。高中组辅导学科为英语、大代数、解析几何、三角、物理、化学等，初中组辅导学科为国文、英语、平面几何、小代数、物理、化学等。另外，招生简章还对授课日期、授课时数、学费缴纳、注册及上课日期等做了详细的规定。

　　设立暑期补习学校，这在当时那个动荡的岁月，实属难能可贵。教师们为了提高学生成绩，放弃休假，静下心来辅导学生，这种为了人才培养而兢兢业业的奉献精神值得我们今天的工大人学习。

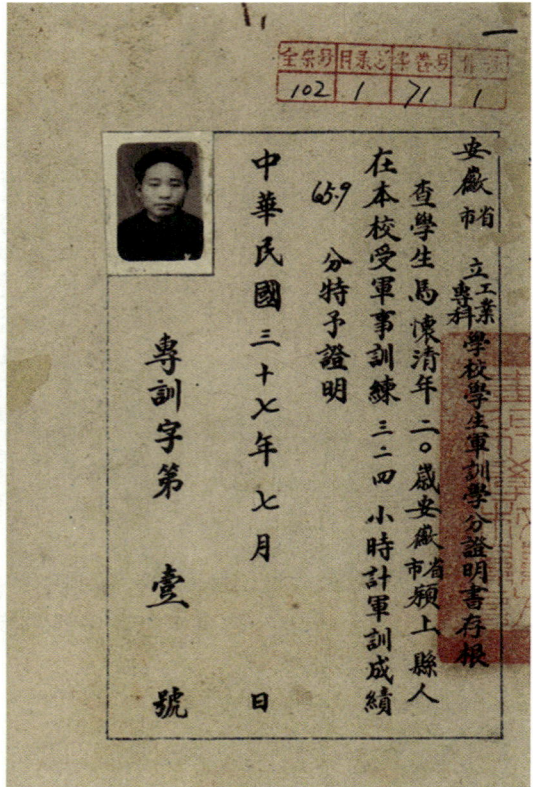

1948年安徽省立工业专科学校学生成绩表
（资料来源：淮南市档案馆）

　　1948年，以"为重工业之基础，切合当前实际需要"为目标，学校科学谋划系科专业设置和人才培养方向，并逐步走向文理兼顾。当时纺织科的课程科目设有：公民、国文、英文、数学、物理、化学、用器画、大代数、制图、平面几何、三角、解析几何、平面测量、微积分、应用力学、水力学、道路工程和测量实习等，另还专门设有劳动、体育、操行等训导课程。

第九　历年专业设置名称及其学生数

年度	专业名称	在校学生数	毕业生数	招生数	代訓生数	备註
1949—1950	土木工程科（二年制·初中毕业后报考的）	176		66		
	机械工程科（二年制·初中毕业后报考的）	78				
	电机工程科（初年制·初中毕业后报考的）	66				
	小　计	320		66		
1950—1951	探煤科	58		48		
	土木科	58		43		
	机械科	48		42		
	电工科	70		55		
	予科	207		105		
	小　计	441		303		
1951—1952	探煤科（二年制·初中毕业后报考的）	120		78		
	土木科（二年制·初中毕业后报考的）	89		45		
	机械科（二年制·初中毕业后报考的）	86		51		
	电工科（二年制·初中毕业后报考的）	113	14	52		
	蚂蚁科	28		28		
	予科	339		224		
	小　计	775	14	478		

1949—1950年招收的专业与人数统计
（资料来源：合肥工业大学档案馆　档号：1960-Y-DZ-0029-001）

新中国成立后，学校积极贯彻落实国家与地方煤炭工业发展方针，重点做好煤炭工业人才的培养与科学研究工作，积极为国家与地方的经济建设与发展服务，努力践行"工业报国"的使命与担当。

　　当时，国家稳定经济形势、恢复生产的任务十分艰巨。为满足矿山生产和基本建设对各类技术人才的迫切需要，燃料工业部煤矿管理总局对学校培养技术人才不断提出要求、下达任务，并从财力、物力、人力等方面给予支持。1951年后，学校经历了一段快速发展时期，培养了大批建设人才。

1956年2月，合肥矿业学院矿山机电系1955届毕业班学生干部合影
（资料来源：合肥工业大学档案馆　档号：1956-Y-SX-0001）

1955年暑假后，学校停招专科学生，全部改为招收四年制本科新生。1956年底，学校已具备了本科办学条件，完成从专科向本科的跨越，人才培养驶上了快车道。

合肥矿业学院首届优秀生获奖大会及获奖学生名单（共66名）
（资料来源：合肥工业大学档案馆　档号：1957-Y-DZ-0182）

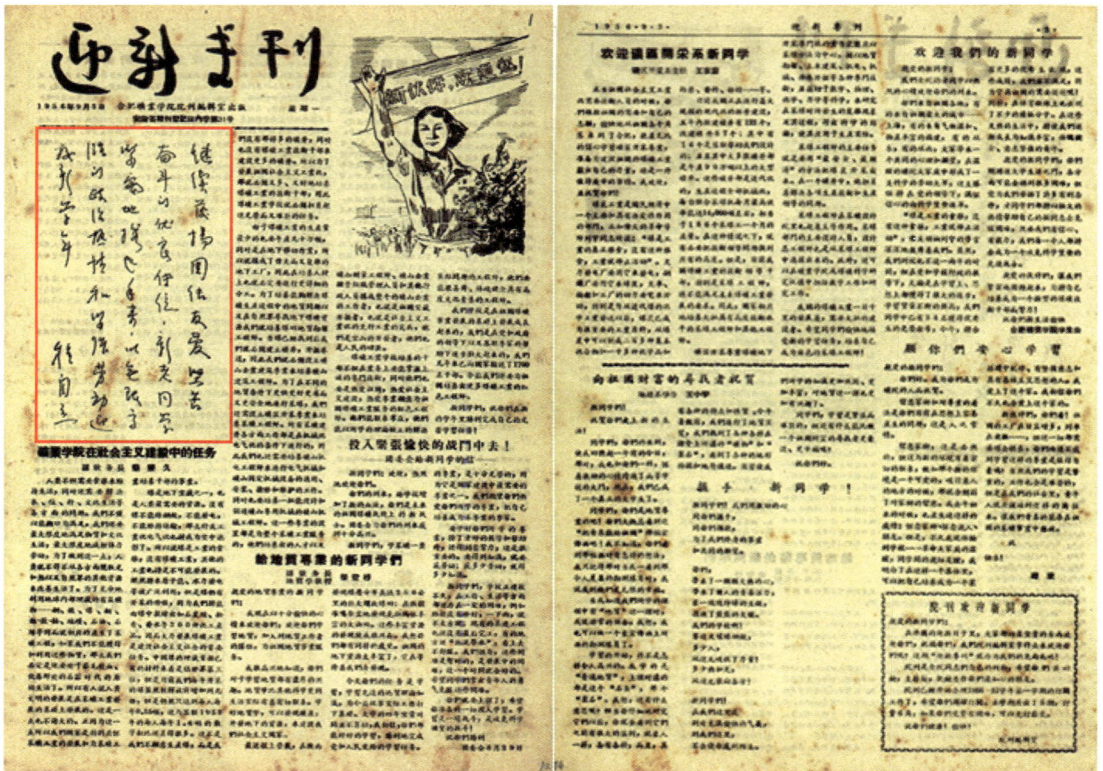

1956年9月3日《合肥矿院》校刊的迎新专刊
（资料来源：合肥工业大学档案馆　档号：1957-Y-DZ-0182）

　　学校在人才培养过程中，还积极做好学生思想政治工作，大力开展热爱专业、端正学习态度、遵守纪律、树立良好校风和共产主义道德品质等方面的思想教育。同时，不断开展教学改革，切实提高人才培养质量。1956年9月3日的《合肥矿院》校报"迎新专刊"中登载了校党委副书记程自立的题词："继续发扬团结友爱艰苦奋斗的优良传统，新老同学携起手来，以无限高涨的政治热情和坚强劳动迎接新学年"。

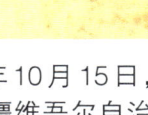
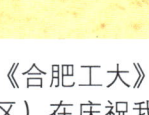
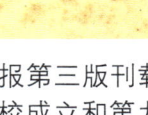
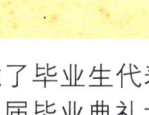

1958年10月15日，《合肥工大》报第三版刊载了毕业生代表唐荣芝
（分配到新疆维吾尔自治区）在庆祝我校成立和第九届毕业典礼大会上的发言
《艰苦朴素　踏实工作　为母校争光》
（资料来源：合肥工业大学档案馆　档号：1958-Y-DZ-0087）

　　1958年10月7日，学校召开了合肥工业大学成立大会。会上，广大师生表示要坚定树立"不怕物质条件落后，就怕思想落后，只要有志气、有干劲，物质条件暂时落后是可以改变"的共同信念，继续发扬实干、苦干精神，克服困难，奋发向上，朝着先进的目标努力前进。学校校刊对此也有专题报道。

无线电系教师钱三德的思想总结"又红又专的教师才能培养又红又专的学生"
（资料来源：合肥工业大学档案馆　档号：1964-Y-DZ-0028-007）

　　人才培养，师资先行。学校高度重视教师队伍的师德、师风教育，取得了丰硕的成果。无线电系教师钱三德在当年的思想大讨论中，深刻剖析了自己的思想，形成了一份题为"又红又专的教师才能培养又红又专的学生"的思想总结，强调为了培养学生，首先教师自己要加强学习，自己的思想素质过硬才能教好学生，教师不仅要教好书，更要育好人。

地质系教师在野外给学生上课
（资料来源：合肥工业大学档案馆老照片）

在日常的教学工作中，广大教师认真备课，精选教学内容，改进教学方法，开展教学研究，提高教学业务水平，为培养社会主义建设人才不懈奋斗。

新老教师交流
（资料来源：合肥工业大学档案馆老照片）

教师在指导学生学习
（资料来源：合肥工业大学档案馆老照片）

三年级学生与教师在进行电容电机的
科学研究
（资料来源：合肥工业大学档案馆老照片）

（四）科研成绩

在做好教学与师资队伍建设的同时，学校借鉴相关高校的先进科研经验，开始了多项自主科学研究，为相关企业单位解决技术难题，并取得初步成效。

1955年3月，学校成立了科学研究科，制定了学校1955年科学研究计划，并报高等教育部备案同意，科研工作逐步迈上正轨。当年，学校共完成科研课题60个。

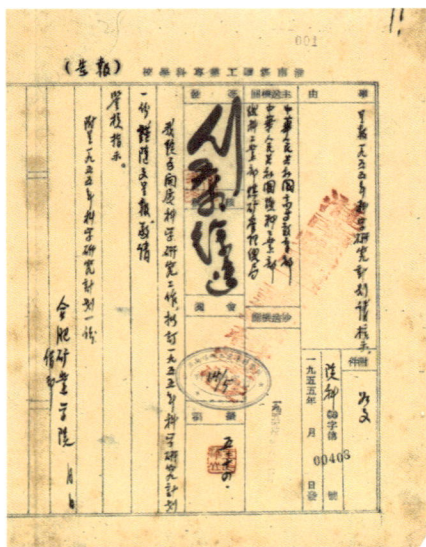

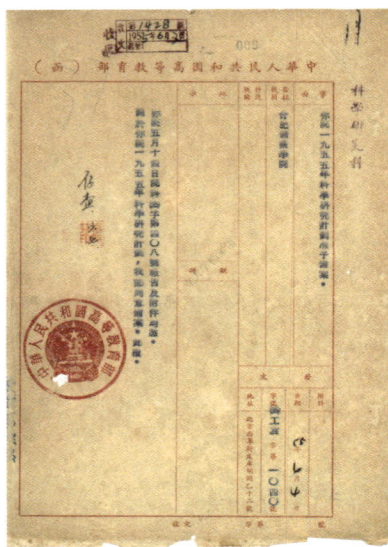

教育部同意学校1955年科学研究计划

（资料来源：合肥工业大学档案馆 档号：1955-Y-DZ-0005-001、1955-Y-DZ-0005-002）

　　1957年4月初，学校召开了第一次科学讨论会。会议除本校全体教师参加外，还邀请了校外46个单位的96位代表参加。这一年，学校还对教学科研工作加大经费投入力度，着力解决了一批影响较大的问题。

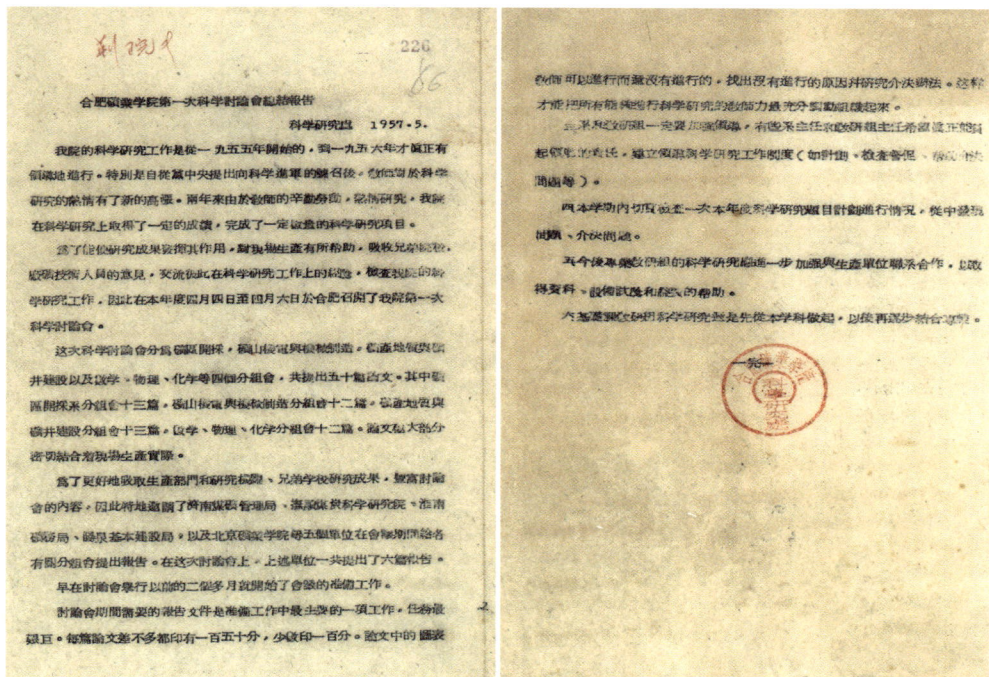

合肥矿业学院第一次科学讨论会总结报告
（资料来源：合肥工业大学档案馆　档号：1957-Y-DZ-0007-011）

1957年合肥矿业学院教学设备费投资情况，包含矿区开采系、地建系、机电系、教务处的建设经费，以及安装费、图书费等，着力解决教学科研中影响最大而又迫切需要解决的问题

（资料来源：合肥工业大学档案馆　档号：1957-Y-DZ-0012-011）

1960年6月7日,《合肥工大》报第四版刊载的"自力更生 自制仪器 武装自己"专栏
（资料来源：合肥工业大学档案馆 档号：1964-Y-DZ-0063）

　　1958年以后，为了克服困难，节约经费，师生开展了科技攻关，人人参加，个个动手，自力更生，自己设计、制造教学仪器和教学设备的活动，新建和扩建了实验室，不仅为国家和学校节省了经费，而且锻炼了师生的动手能力，提高了学校教学和科研水平。

在合肥工业大学1960年跃进大会上，教师展示研制的静电电子加速器
（资料来源：合肥工业大学档案馆 档号：1959-Y-SX12-0067）

教师指导学生开展实验
（资料来源：合肥工业大学档案馆 档号：1960-Y-SX12-0025）

（五）教学、科研、生产三结合

　　1958年7月起，根据中央八届二中全会和中央教育工作会议精神，学校在安徽省委的领导下，把"以教学为中心，教学、科学研究和生产劳动相结合"作为实现教育革命的具体措施。

　　这一时期学校的中心任务是教育革命运动，为此提出了"学校办工厂，现场作学校"的口号，要求人人参加生产劳动、人人参加科学研究、人人参加教学改革。短时期内，广大师生办起了大小工厂40个，建立了试制和研究小组62个，试制成功的新产品、完成的设计及发明创造、技术革新和科学研究的大小项目884项，其中有较大价值的50余项。

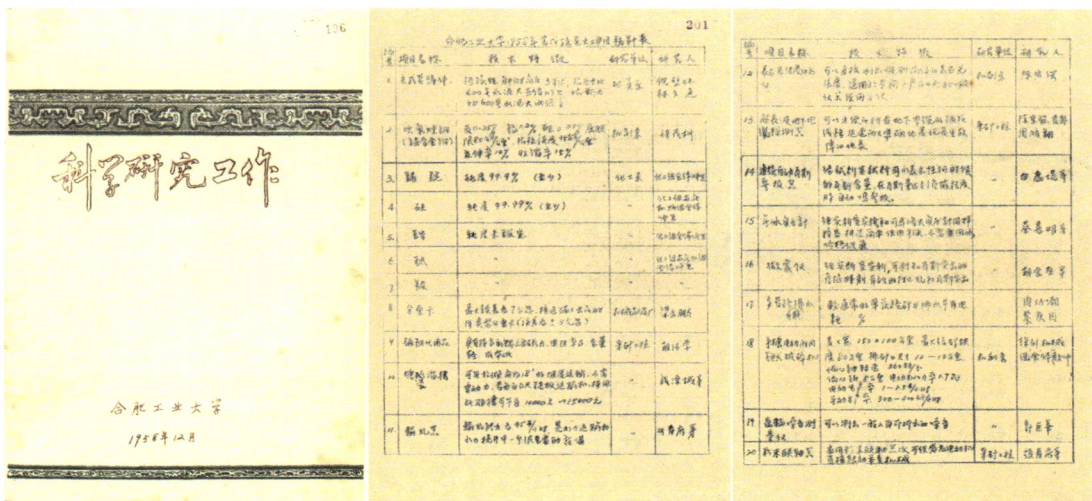

1958年，我校完成重大科研项目统计表
（资料来源：合肥工业大学档案馆　档号：1958-Y-DZ-0008-011）

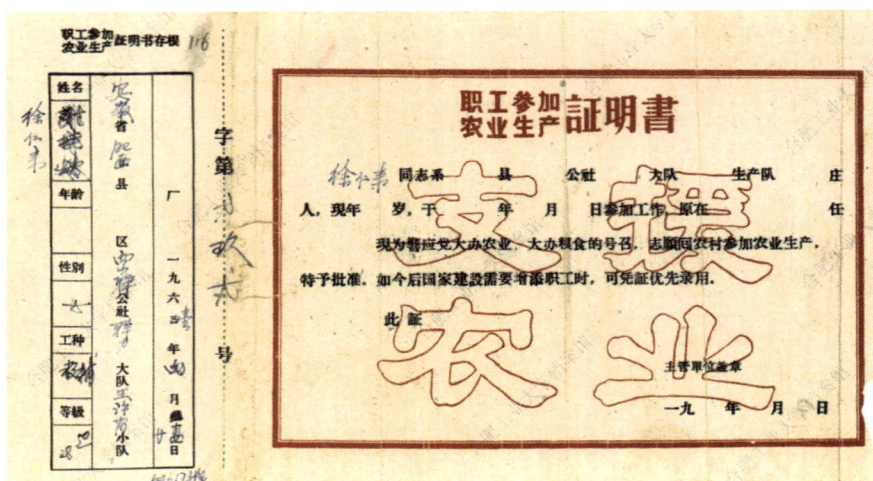

职工参加农业生产证明书及存根（徐仁来）
（资料来源：合肥工业大学档案馆　档号：1963-Y-DZ-0032-116）

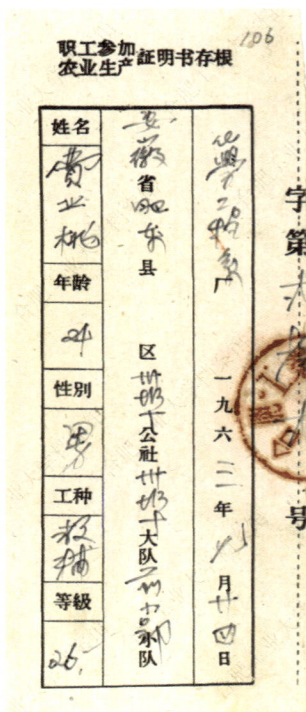

　　学校积极贯彻党的"教育与生产劳动结合"的教育工作方针，实行教学、科学研究和工农业生产劳动相结合，在当时条件非常艰苦的情况下，采取各种措施，提高教学和科研质量。同时，师生员工发扬艰苦奋斗、自强不息的精神，崇尚埋头苦干、勤恳踏实的作风，一边生产、一边劳动、一边学习，教学、科研、生产劳动都取得了良好效果。

职工参加农业生产劳动
证明书存根（费业桃）
（资料来源：合肥工业大学档案馆
档号：1963-Y-DZ-0032-106）

勤工俭学的报告
（资料来源：合肥工业大学档案馆　档号：1958-Y-DZ-0004-004）

学校广大师生发扬实干、苦干精神，克服重重困难，奋发向上，积极实行以教学为中心的教学、生产劳动和科学研究三结合，除了提高教学工作质量外，还有力地推动了科学研究的开展，提高了师生的政治觉悟。学校在上报省委的勤工俭学的报告中总结的经验如下：

第一，理论与实际联系起来，大大提高了教学质量，推动了教学计划、教学内容、教学方法等一系列重大改革。

第二，通过生产劳动的锻炼，有效地改变了学生的思想面貌，学生的政治觉悟有了显著提高，培养了学生的劳动观点和道德品质。

第三，有力地支援了地方工农业的发展，参加生产劳动的师生得到了很大的锻炼，培养了学生们敢想敢做、独立工作能力和创造才能。

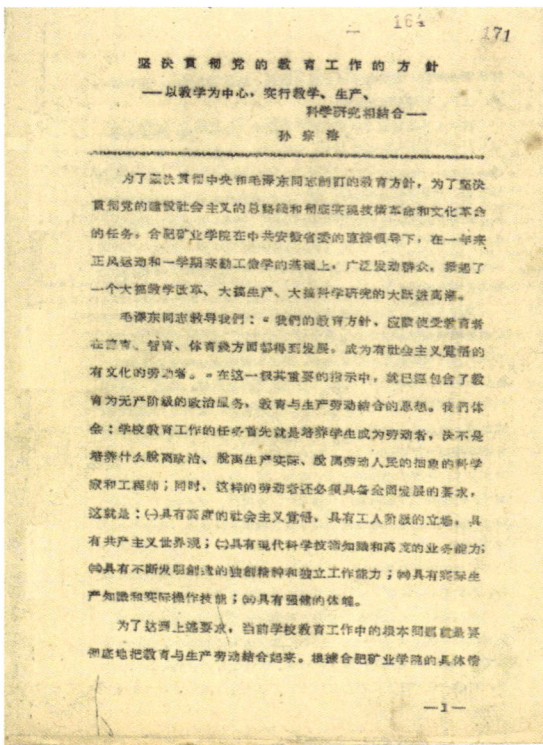

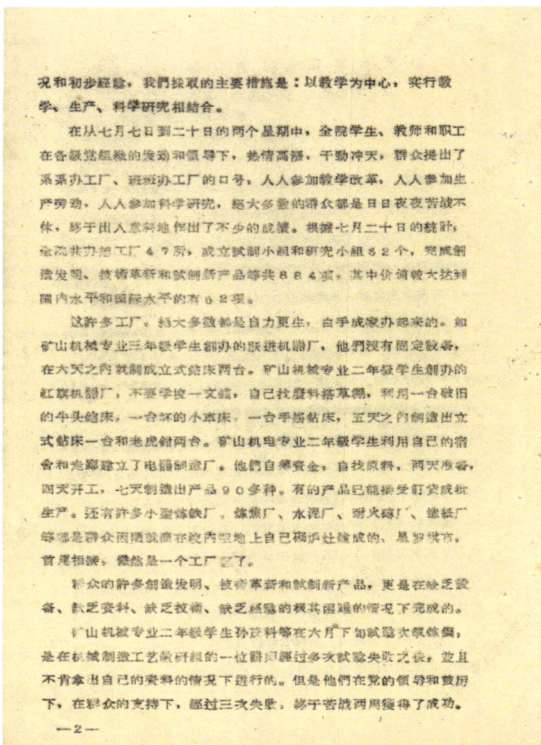

党委书记孙宗溶关于教学生产科研相结合的报告
（资料来源：合肥工业大学档案馆　档号：1960-Y-DZ-0002-021）

　　1960年，学校党委书记孙宗溶在《坚决贯彻党的教育工作方针——以教学为中心，实行教学、生产、科学研究相结合》的报告中写道：为坚决贯彻落实中央和毛泽东主席制订的教育方针，我们采取的主要措施是"以教学为中心，实行教学、生产、科学研究相结合"。

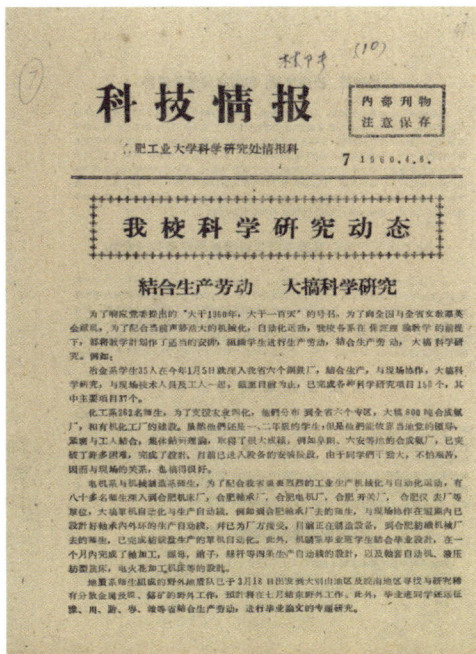

根据 1960 年科学研究处编印的《科技情报》，学校各系都"结合生产劳动，大搞科学研究"。师生干劲大，不怕艰苦，设计、制造的设备在工农业生产中得到很好的应用，1960 年接受国家科研任务 94 项、省内科研任务 64 项。

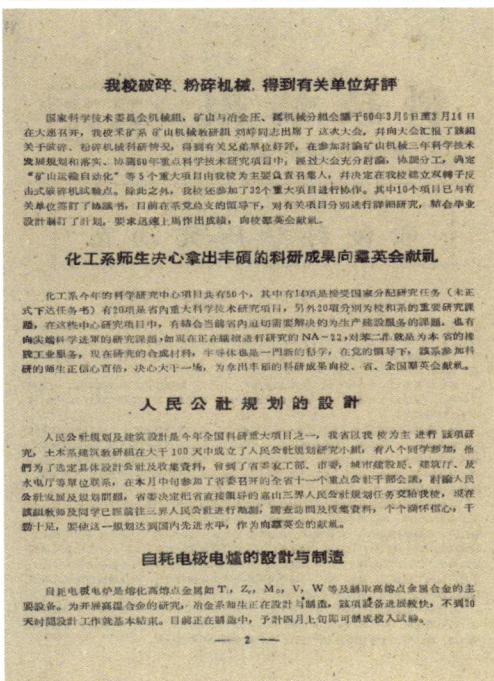

科技情报

内部刊物
注意保存

合肥工业大学科学研究处情报科

我校科学研究动态

结合生产劳动　大搞科学研究

我校破碎、粉碎机械，得到有关单位好评

化工系师生决心拿出丰硕的科研成果向群英会献礼

人民公社规划的设计

自耗电极电炉的设计与制造

机制工艺63—1班干劲足十天初步完成五项科研项目

我校各系积极参加国家项目和省内项目

1960年科学研究处编印的《科技情报》"结合生产劳动，大搞科学研究"
（资料来源：合肥工业大学档案馆　档号：1960-Y-DZ-0024-007）

（六）招收留学生

各国驻沪领事馆使节来学校参观
（资料来源：合肥工业大学档案馆　档号：2005-Y-SX12-0005）

　　新中国成立后，很多国外高校的专家学者先后应邀来校开展交流、讲学、科研工作，学校也派出了多名师生分赴国外知名高校进行交流、学习。正是得益于这段频繁的交流与合作，让学校能够吸收世界各国尤其是苏联先进的生产技术和科研经验，从而在教学、科研、生产等方面得到快速发展。

1966年5月，学校首次接收外国留学生来校进修，这是一名来自越南的化学专业硕士研究生。

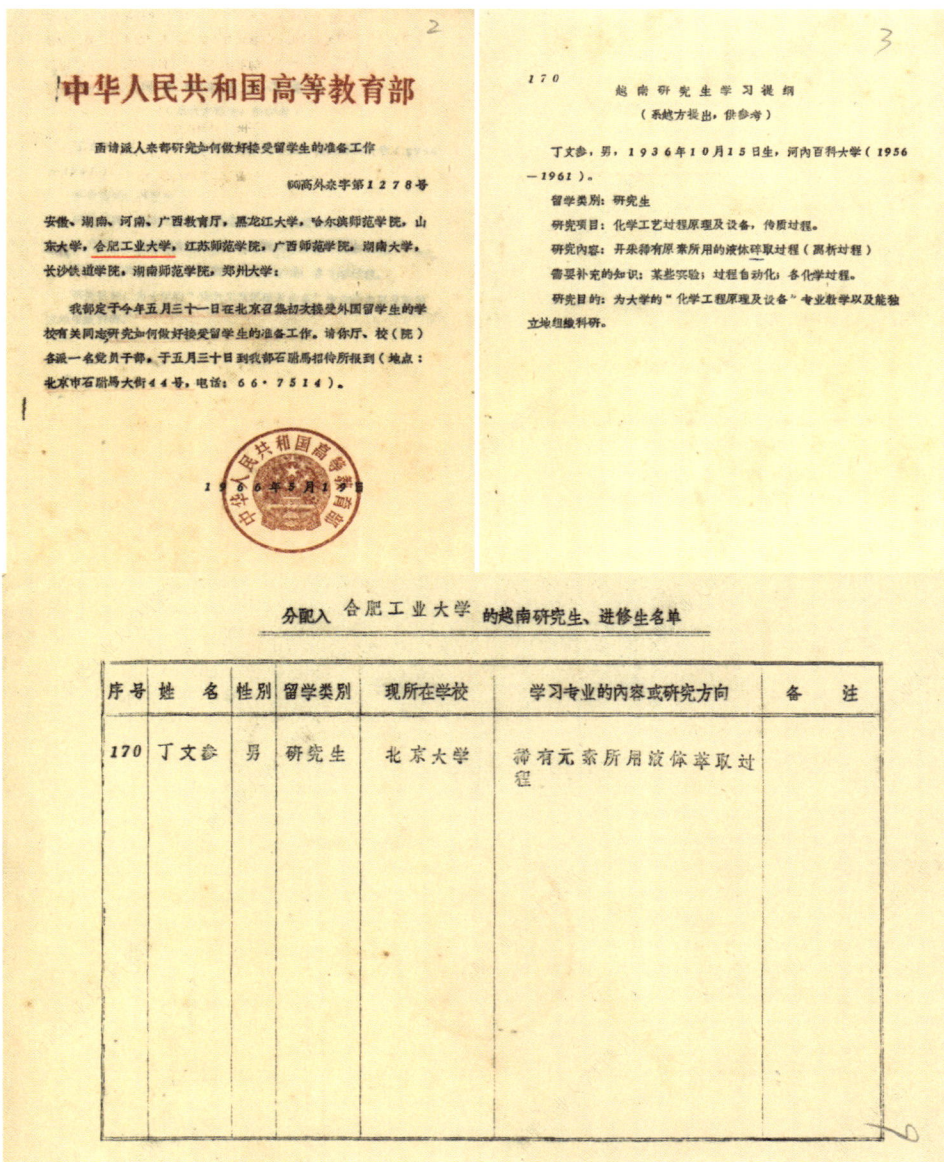

给越南培养工科人才（第一批：研究生）

（资料来源：合肥工业大学档案馆　档号：1966-Y-DZ-0028-002、1966-Y-DZ-0028-001）

随后，第二批越南留学生65人（本科生）也分配至学校，分别到矿井建设、矿山开采、矿山机械、稀有元素工学4个专业学习。

给越南培养工科人才（第二批：本科生）

（资料来源：合肥工业大学档案馆　档号：1966-Y-DZ-0028-003、1966-Y-DZ-0028-004）

（七）体育红旗

1954年5月，国家体委颁布了《准备劳动与卫国体育制度暂行条例》，开始实施"准备劳动与卫国"体育制度（简称"劳卫制"）。学校高度重视学生的身体健康与体育锻炼，积极加以推广并取得良好成绩，至1958年8月，全校学生百分之百通过二级"劳卫制"，百分之百达到等级运动员标准。加强体育锻炼不仅增强了全校师生的身体素质，还培养了师生们艰苦奋斗信念、团结互助行为和乐观主义精神，形成了"学先进、争上游"的良好氛围。

劳卫制锻炼情况（1954—1957）
（资料来源：合肥工业大学档案馆　档号：1957-Y-DZ-0003-033）

合 肥 矿 业 学 院 一 级 运 动 员 分 类

系　　别	竞　　走	举　　重	乒 乓 球	合　　计
地　质　系		1		1
矿　建　系	1		1	2
采　矿　系		1		1
机　电　系	2			2
机　制　系				
总　　计	3	2	1	6

合 肥 矿 业 学 院 二 级 运 动 员 分 类

系　　别	小　　计	田　　径	球　　类	其　　他
地　质　系	22	16	4	2
矿　建　系	20	13	3	4
采　矿　系	40	19	12	9
机　　电	27	21	3	3
机　　制	40	36	2	2
合　　计	149	105	24	20

注：不以人头计算

合肥矿业学院一、二级运动员统计表
（资料来源：合肥工业大学档案馆　档号：1958-Y-DZ-0004-011）

　　学校重视学生体育锻炼，积极组织开展球类、田径、武术、体操等多种多样的群众性体育活动，各系、各班级和许多教研组都有球队。人人参加体育运动，群众性的体育锻炼得到了普遍开展，全校掀起了体育运动新高潮。

学生参加比赛时的留影
（资料来源：合肥工业大学档案馆老照片）

在开展好群众性体育活动的同时，学校还积极组织青年学生参加各级别的专业体育竞赛。他们发扬良好的体育道德风尚，虚心学习、团结友爱、互相帮助，做到胜不骄败不馁，以坚强的毅力和冲天的干劲，彰显了学校师生争创一流的决心。

1955年4月合肥矿业学院参加安徽省第一届大专学校田径运动会并取得优异成绩
（资料来源：合肥工业大学档案馆老照片）

合肥矿业学院荣获1957年合肥市田径运动大会大专组总分第一、全市团体总分第二名
（资料来源：合肥工业大学档案馆老照片）

　　1958年9月28日，学校男女排球队和乒乓球队来到北京，在国家体委的直接领导下，与国家队一起训练和比赛了两个多月，技术水平和运动成绩都获得很大提高。

　　1958年10月学校组建足球队，1959年获合肥市第一届人民体育运动会足球联赛冠军，1960年列入安徽省甲级队行列。

合肥工业大学足球队在参加比赛时留影
（资料来源：合肥工业大学档案馆老照片）

　　在1959年举行的第一届全国运动会上，我校多位同学参赛并取得名次，为学校争得了荣誉。

我校学生王永涛在军用步枪300米卧姿有依托和无依托各10发速射比赛中，
以182环打破全国纪录，获得冠军，达到运动健将标准
（资料来源：合肥工业大学档案馆　档号：1959-Y-DZ-0025）

我校学生江光宏以总成绩375公斤
获得轻重量级举重亚军，超过了运
动健将标准
（资料来源：合肥工业大学档案馆
档号：1959-Y-DZ-0025）

我校学生郑象政在第一届省运动会射箭比赛
中，破二十公尺和三十公尺射准全国纪录
（资料来源：合肥工业大学档案馆
档号：1959-Y-DZ-0025）

我校各项体育代表队的运动员参加安徽省代表队
出席第一届全运会获得单项名次统计表

项目	名次	姓名	竞赛成绩	等级	得分	录取名额	备注
射击	1	王永涛	军用步枪300公尺 卧姿有依托和无依托 10＋10速射个人赛 20中182环	运动健将	24	12	破去年全国最高纪录
	9	王永涛	自选小口径步枪40 发立射个人赛340环		8	12	
举重	2	江光宏	轻重量级375公斤 推举107.5公斤 抓举117.5公斤 挺举150公斤	运动健将	14	8	超过健将标准5公斤
举重	8	顾德恒	重量级317.5公斤 推举90公斤 抓举95.5公斤 挺举130公斤		2	8	
射箭	8	郑象政	射箭全能（双轮）1486分 30公尺274分 50公尺722分 70公尺125分		2	8	破今年全国最新纪录
跳伞	6	荣志玄	跳伞（女子） 1000公尺集体定 点84.42公尺 （439.20分）		6	8	
无线电	8	奚天鸿	手抄短码（好）收发 分速（每分钟速度） 280错情6得分650		2	8	破1958年全国最高纪录

1959年10月24日《合肥工大》报第三、四版报道
参加第一届全运会的优秀运动员及成绩表
（资料来源：合肥工业大学档案馆　档号：1959-Y-DZ-0087）

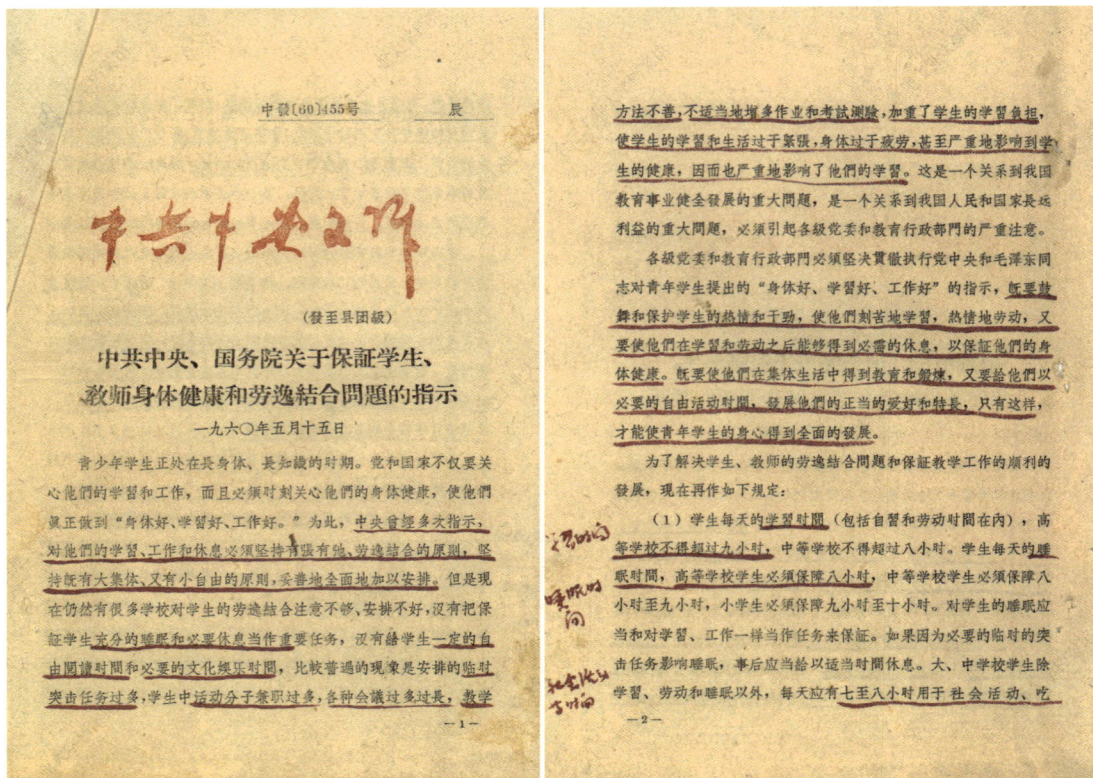

中共中央、国务院关于保证学生、教师身体健康和劳逸结合问题的指示
（资料来源：合肥工业大学档案馆　档号：1960-D-DZ-0003-031）

　　为贯彻落实毛泽东主席于1953年向青年学生提出的"身体好、学习好、工作好"的指示，1960年党中央专门发文，解决学生、教师的劳逸结合问题，以保证教学工作顺利开展。

1960年4月4日《合肥工大》报第三版刊登的外语教研室主任顾祝三
撰写的《坚持体育锻炼十年》
（资料来源：合肥工业大学档案馆　档号：1960-Y-DZ-0027）

　　学校积极贯彻落实毛泽东主席的"三好"号召，遵循"德育、智育、体育"全面发展的教育方针和"增强体质、为劳动生产和国防建设服务"的体育方针，广泛开展了群众性体育锻炼活动，在许多专项体育项目中还取得了优异成绩。

1959年12月，学校女排参加
全国煤矿系统大专组
排球运动会比赛
（资料来源：合肥工业大学档案馆
档号：1960-Y-DZ-0033）

1960年7月4日，在蚌埠举行的跳
伞表演赛中，学校女子跳伞运动员
唐荷秀、荣志玄和安徽省另外一名
运动员武永兰，以平均距靶心
8.73米的优异成绩，打破了1958
年11月5日创造的集体综合跳伞
12.30米的世界纪录
（资料来源：合肥工业大学档案馆
档号：1960-Y-DZ-0033）

国务院副总理、国家体委主任贺龙同志为学校颁发"全国体育运动红旗院"奖旗，
学校党委副书记程自立接受奖旗
（资料来源：合肥工业大学档案馆　档号：1959-Y-DZ-0025）

　　由于在人才培养以及体育工作方面的突出成绩，1958年9月，国务院副总理、国家体委主任贺龙同志亲自为学校颁发"全国体育运动红旗院"奖旗，学校党委副书记程自立接受奖旗。

三、严谨求实　兢兢业业

　　新中国成立前，学校披荆斩棘，勤俭办学。新中国成立后，在党的教育方针的正确指引下，学校走上发展正轨，特别是20世纪五六十年代全校师生克服重重困难，团结一心、顽强拼搏，发扬艰苦朴素、团结友爱的精神，发扬爱劳动、爱护公共财物的美德，发扬埋头苦干、勤恳踏实的作风，不断加强基础建设，圆满完成迁校工作；同时还制定了一系列制度和办法，开展教学改革，推动科学研究，落实立德树人根本任务，心怀"工业报国"之志，为党和国家培养了大批建设之才。这一时期学校的各项工作都取得了很大的成绩，学校逐步发展成为一所颇具规模、颇有影响的行业特色型本科高校。

（一）厉行节约，勤俭办学

1947 年初，安徽省政府决定，在安徽省立蚌埠高级工业职业学校的基础上，升格筹建安徽省立工业专科学校，校址由蚌埠黄庄迁往淮南洞山。淮南路矿公司拨借的房屋 90 余间，因破漏塌坏，不堪应用。6 月，安徽省立工业专科学校筹备委员会决定对校舍进行修缮，并登报招标。当时，工专筹委会将招标公告发布在影响较大的《皖北日报》上。学校为严格程序，规范手续，加强监督，还专门致电安徽省教育厅，要求"派员届时莅临监标，以照郑重"。

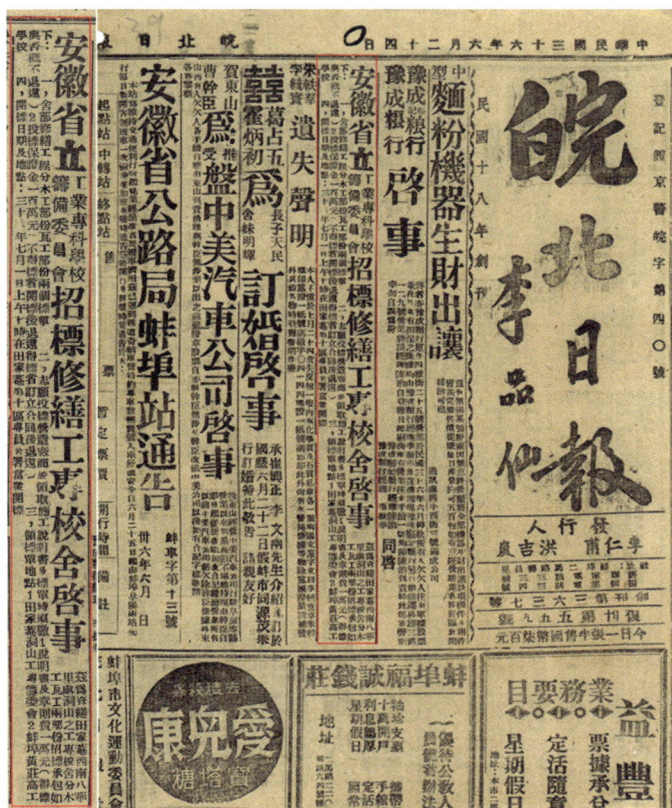

1947年6月24日《皖北日报》刊登的安徽省立工业专科学校招标修缮校舍启事
（资料来源：合肥工业大学档案馆　档号：1947-Y-DZ-0001-003）

　　省立工专筹备委员会在修缮洞山校舍的时候，为节约经费，计划兴建砖瓦窑两座、石灰窑一座，修缮工程所需砖瓦石灰等都自行烧制。1947年6月，承包商郑守富承包了此项工程，准备烧制砖瓦各30万块、石灰10万斤，双方不仅签订了《烧制砖瓦石灰合同》，还签订了《保证书》。合同中对甲乙双方的相关事宜都作了明确规定，特别是对烧制成本作了严格要求。另外，合同对烧制砖瓦石灰的规格、数量也都作了详细规定。

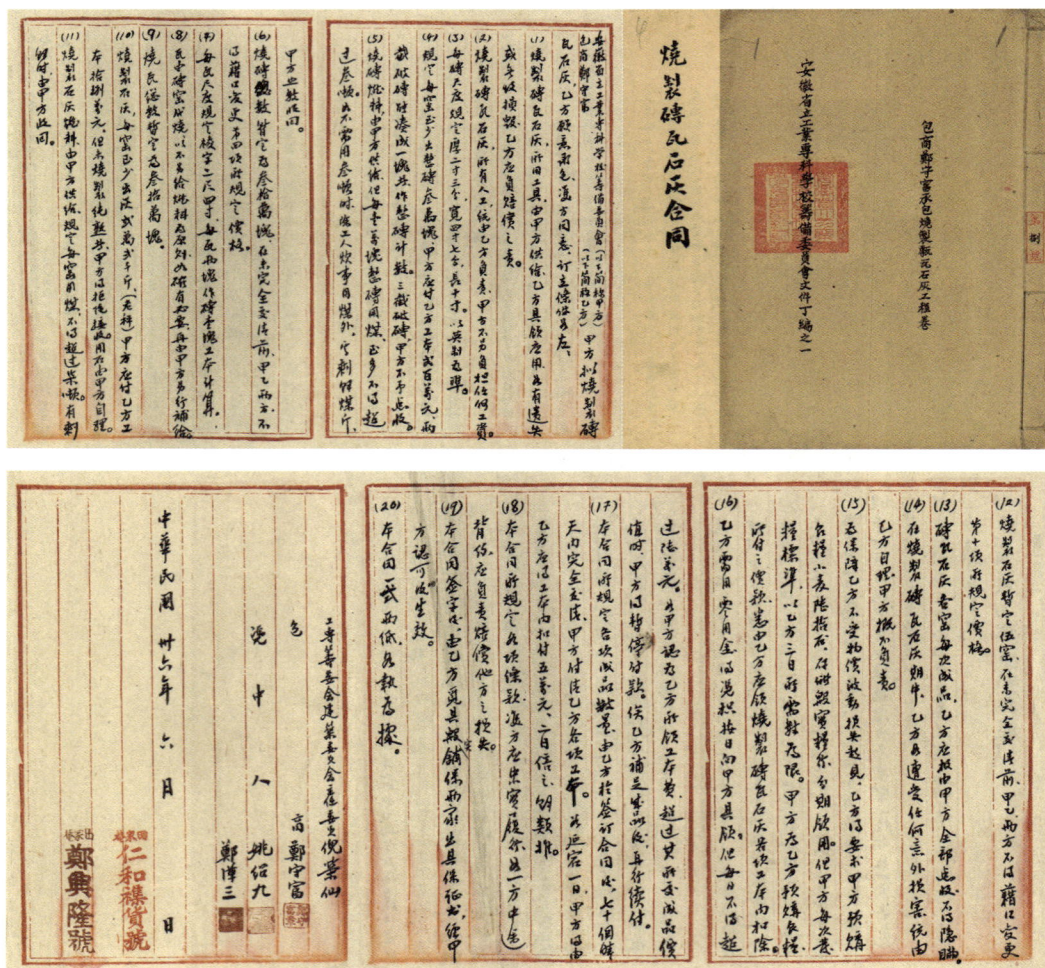

1947年6月，安徽省立工业专科学校与承包商郑守富签订的《烧制砖瓦石灰合同》
（资料来源：合肥工业大学档案馆　档号：1947-Y-DZ-0001-003）

保證書

立保證書商鄭瑞（○）仁和祿貨號鄭興隆

安徽省立工業專科學校籌備委員會建築委員會燒製磚瓦石灰工程計磚瓦石叁拾萬塊石灰拾萬斤忠實履

茲保證已商鄭守富承包

行雙方協訂合同內所列各條欸如有中途背約及鹤空

公欸情事保證商瑞等除願共同鑑續履行合同上所

規定之各項義務以完成其未了之工程外並願賠償

貴會所蒙受之一切損失　所具保證書是實

被保證人　鄭守富

保證商瑞　鄭興隆號

工事籌委會建築委員會委史倪紫仙

包　高鄭守富

瓷中八　姚绍九

鄭澤三

中華民國 卅六年 六月 日

鄭興隆號

仁和祿貨號

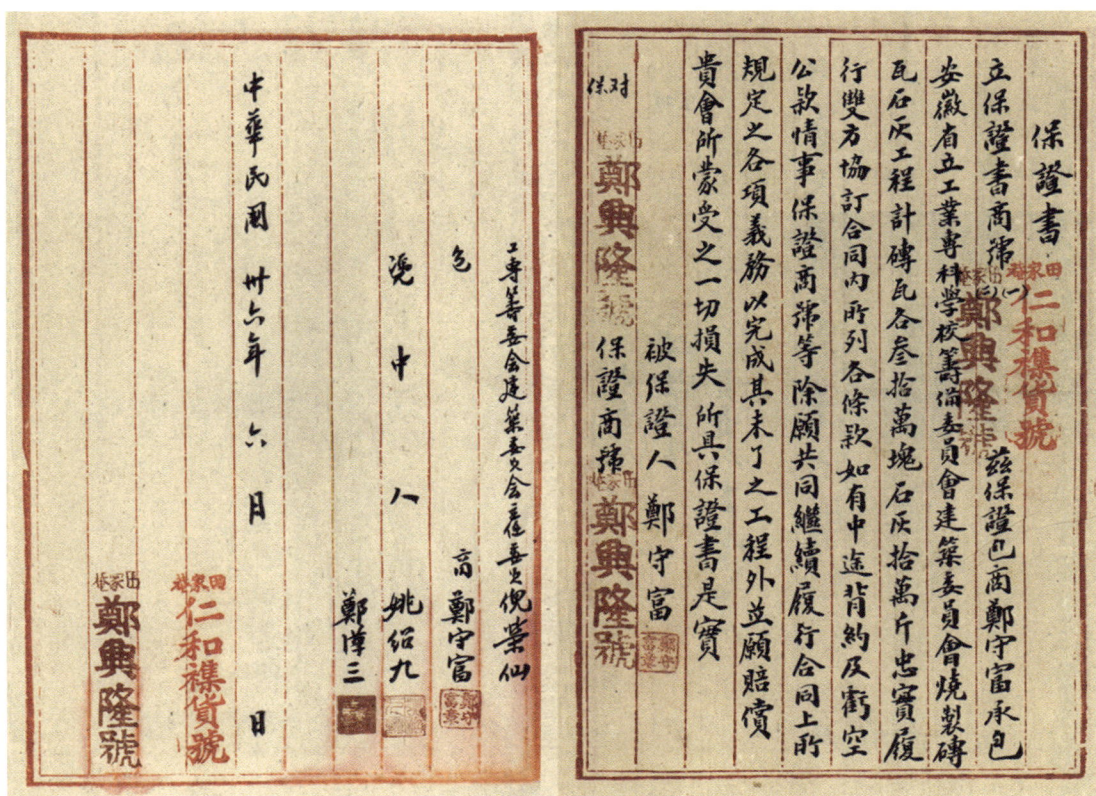

1947年，承包商郑守富与学校订立的保证书

（资料来源：合肥工业大学档案馆　档号：1947-Y-DZ-0001-003）

1947年8月29日《中央日报》刊登的安徽省立工业专科学校招标公告
（资料来源：合肥工业大学档案馆　档号：1947-Y-DZ-0001-003）

　　学校迁至淮南洞山后，由于淮南路矿公司拨借的房屋只能用于教职员工和学生的宿舍，"其必须之教室、办公室、工厂、礼堂、图书仪器室、饭厅厨房、工警室等均须筹划建筑，方敷应用"。因此，学校计划购买农民的土地100余亩，作为校址分期建筑，预计5年完成。当时，学校还将建筑礼堂、教室的招标公告发布在1947年8月29日的《中央日报》上。

淮南工业专门学校图书设备预算明细表
（资料来源：合肥工业大学档案馆　档号：1950-Y-DZ-0003-005）

　　1950年，按照华东区工业部5月23日"工财（50）第02711号"通知要求并结合实际需要，学校编列了全年经费开支预算，同时还附有各月份分配预算，计算单位一律按照淮南煤矿公司折实单位为标准。预算制作表格十分详细，按照土木、采煤、机械、电工、自然科学、政治、图书馆设备等类别分门别类地罗列了具体的数量和单价，体现了厉行节约的工作作风。

淮南矿务局移交给学校的洞山矿房屋清册
（资料来源：合肥工业大学档案馆　档号：1950-Y-DZ-0004-001）

　　1950年6月19日，淮南矿务局移交给学校的洞山矿房屋清册，其上注明了移交人、接管人和监交人员，并详细记录了房屋种类、品名、规格、单位、数量及构造等具体信息，体现了严谨负责、勤俭办学的工作作风。

（二）建章立制，严谨规范

淮南煤矿工业专科学校科（系）工作条例（草案）
（资料来源：合肥工业大学档案馆　档号：1954-Y-DZ-0016-001）

　　1951年，学校更名为淮南煤矿工业专科学校，经过不断改造和建设，迎来了第一次发展高潮。为了让各项工作井井有条，1954年，学校草拟了《淮南煤矿工业专科学校科（系）工作条例（草案）》，就科（系）组成、任务范围、科主任与科员办公室工作职责以及各种会议制度进行了明确的规定。其中，要求科的工作应根据全科的工作计划进行，并制成明细的表格，注明工作名称、执行人、起讫日期，以备后期检查。可见当时的管理制度、教学制度十分严谨，确保了各项工作能够有章可循。

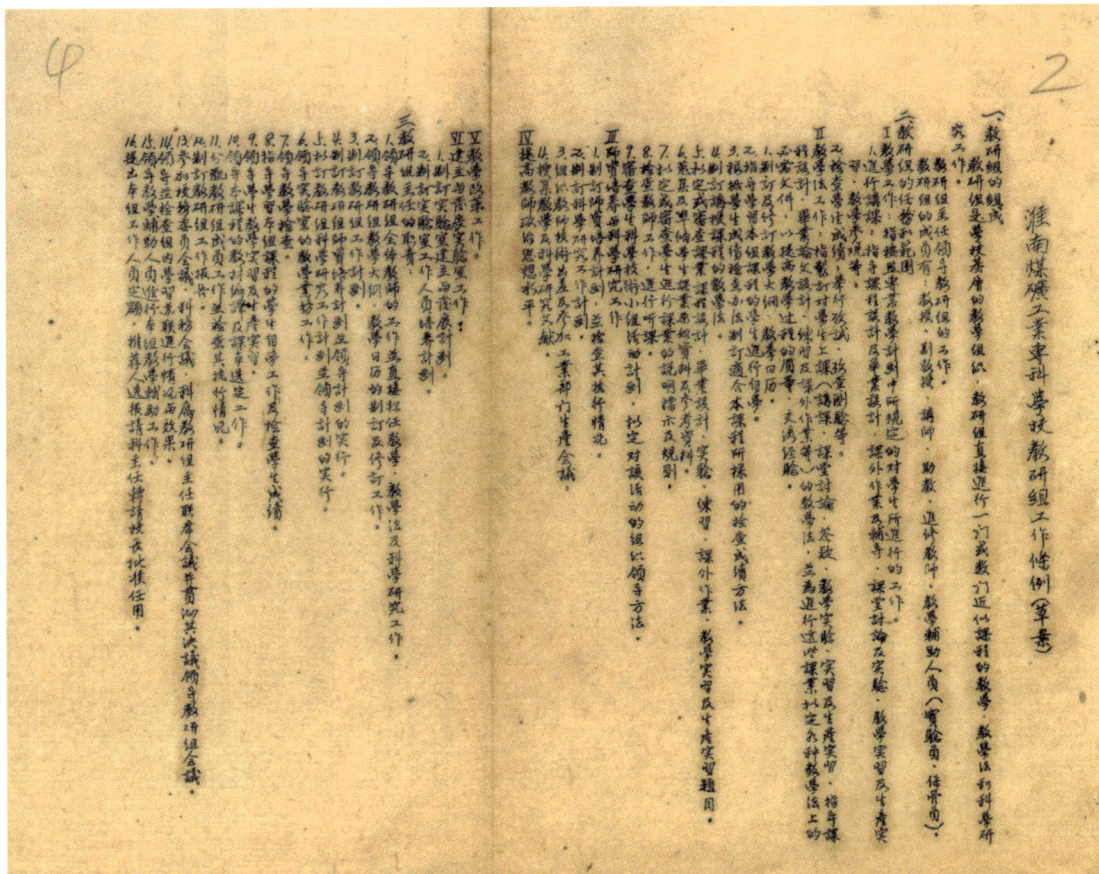

淮南煤矿工业专科学校教研组工作条例（草案）
（资料来源：合肥工业大学档案馆 档号：1954-Y-DZ-0016-002）

为了理顺学校的教学科研工作，让教研工作有章可循，1954年，学校制定并下发了《淮南煤矿工业专科学校教研组工作条例（草案）》，其中规定了教研组的组成、教研组的任务和范围（教学工作、教学法工作、师资培养与科学研究工作、提高教师政治思想水平、教学改革工作、建立与发展实验室工作等）、教研组主任的职责范围。通过明确工作职责和工作范围来规范各项教研工作，体现了学校一直以来建章立制、严谨规范的工作作风。

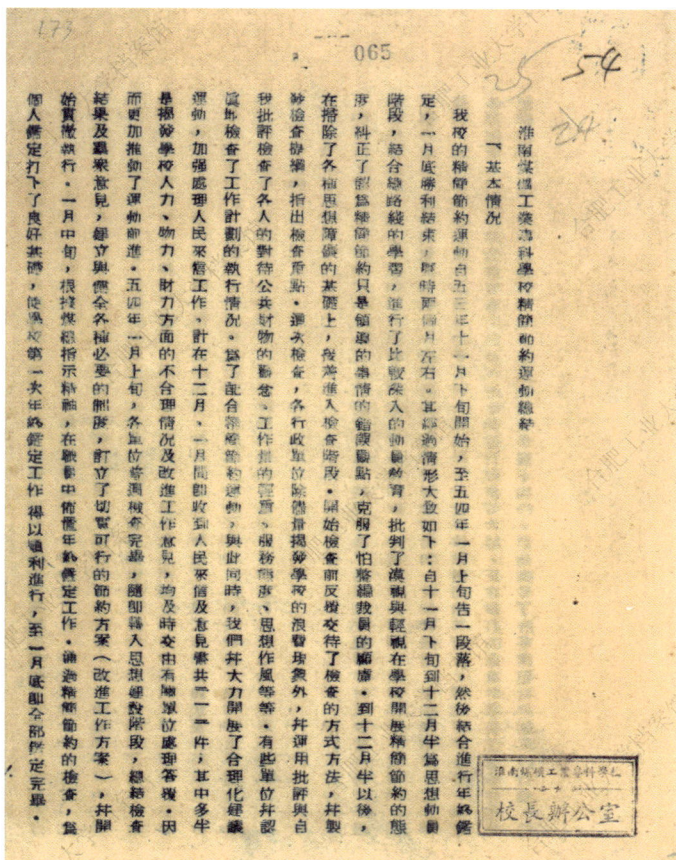

淮南煤矿工业专科学校精简节约运动总结
（资料来源：合肥工业大学档案馆　档号：1954-Y-DZ-0001-012）

　　1953年9月，中央发出关于增加生产、增加收入、厉行节约、紧缩开支的号召后，学校即在9月下旬召开的师生员工代表会议上，结合教学与各项工作的计划认真贯彻这一号召精神，并将"开展精简节约运动"定为本学期中心任务之一。

　　根据上级指示，结合具体情况，学校制定了一个精简节约的初步方案，对全校人员编制、经费开支以及财务管理使用等方面的浪费、不合理情况进行了初步检查，并制定了年度经费估计节约数计划表。整个运动历时两个月左右，于1954年1月底胜利结束。学校开展的精简节约运动取得了良好的效果，抵制了浪费，保证了教学需要，提高了工作效率。

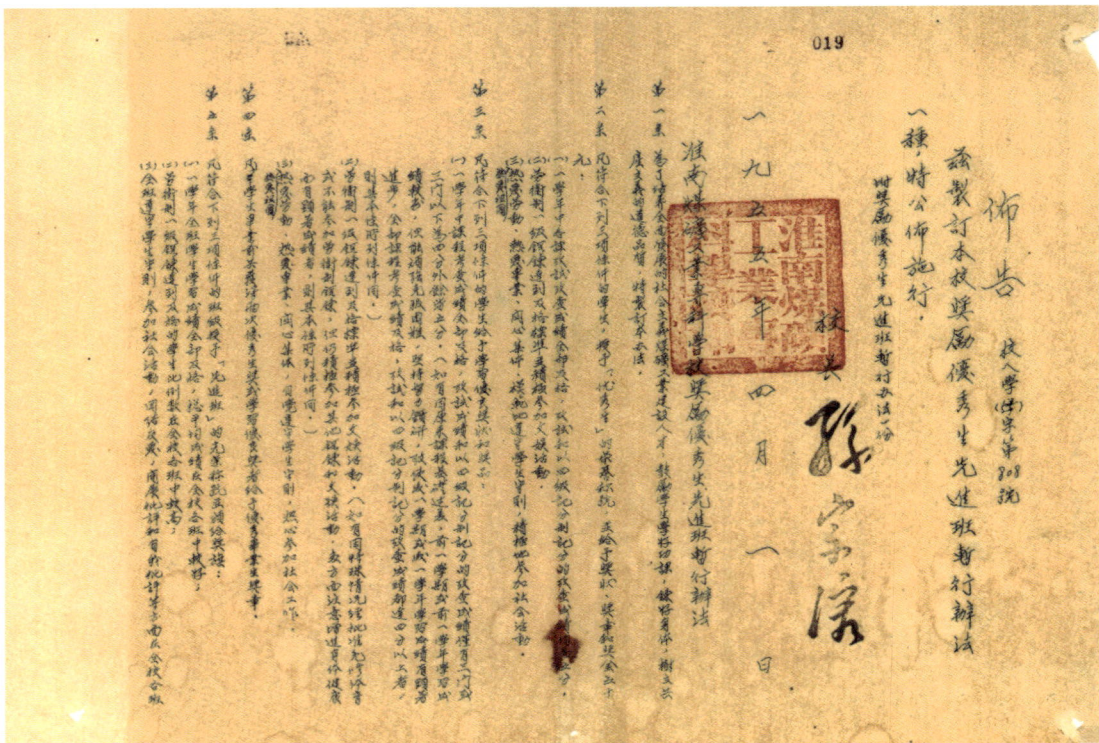

淮南煤矿工业专科学校奖励优秀生先进班暂行办法
（资料来源：合肥工业大学档案馆　档号：1955-Y-DZ-0007-006）

　　为了培养全面发展的社会主义煤矿工业建设人才，鼓励学生学精功课、练好身体，树立共产主义的道德品质，1955年4月，学校制定了《淮南煤矿工业专科学校奖励优秀生先进班暂行办法》，公布了十条有关先进评选的内容和要求，让优秀评选有具体依据可循，极大地推进了校风和学风建设。

（三）创造条件，培养人才

20世纪五六十年代，学校积极改善办学条件，加大基本建设力度，招聘扩充师资队伍，为我国社会主义工业化建设培养了大批急需的工业专门人才。

学校实行以教学为中心的教学、生产劳动和科学研究三结合，并开展了现场教学，教学质量有了很大提高。学生参加了结合专业的生产劳动，获得了丰富的实际知识，改变了过去那种理论与实践脱节，只会动口、不会动手的状态。广大师生深入生产一线，克服资料少、材料缺、知识不足等困难，废寝忘食，发挥集体智慧，共同研究，取得了优异成绩。

采矿系师生在淮南、开滦等煤矿进行生产劳动，系统研究"水力采煤"
新技术（图为学生在工人指导下安装水泵）
（资料来源：合肥工业大学档案馆　档号：1959-Y-DZ-0012-03）

冶金系钢铁冶金60-1班在鞍钢实习（图为实习小组在研究生产问题）
（资料来源：合肥工业大学档案馆老照片）

欢送合肥工业大学师生完成毕业设计返校留念（安徽省工业设计院）
（资料来源：合肥工业大学档案馆　档号：1965-Y-SX-0002）

战斗在麒麟山上的矿建61年级同学临别和全厂集体合影留念
（资料来源：合肥工业大学档案馆　档号：1958-Y-SX-0003）

教学改革统计表（增加专业实习、生产实习、教学实习学时）
（资料来源：合肥工业大学档案馆　档号：1965-D-DZ-0013-034）

　　新中国成立后，国家建设的重点任务是恢复和发展国民经济，社会需要大量的工业技术人才。为了适应这一变化，学校教学积极向一线倾斜，为一线服务，先后帮助淮南矿务局、鸡西矿务局、江西省煤田地质勘探公司等单位，培养了大量急需的工业建设人才和师资。

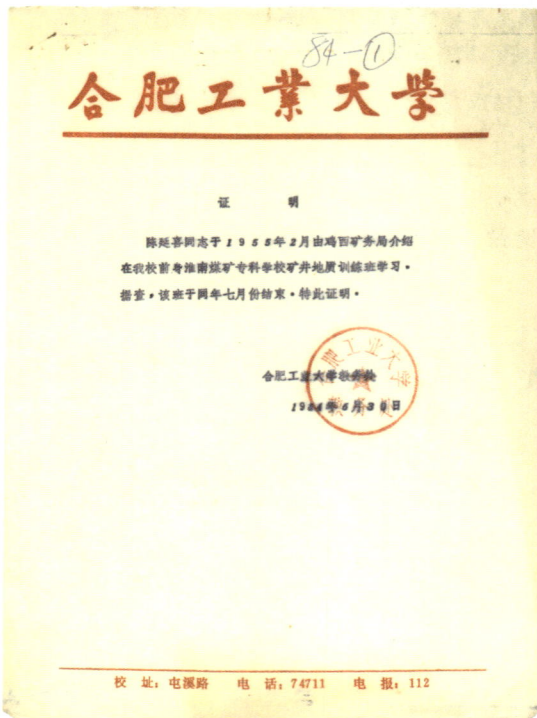

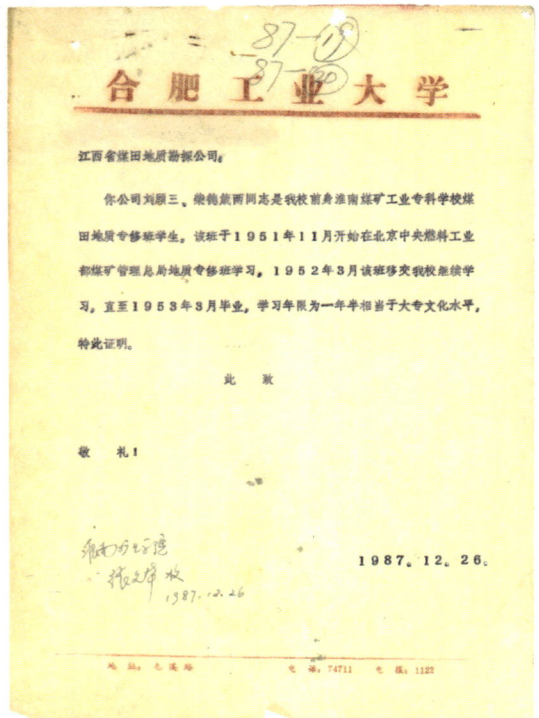

学校为鸡西矿务局、江西省煤田地质勘探公司培养人才的证明
（资料来源：合肥工业大学档案馆　档号：1987-Y-JX-0116）

淮南矿务局保安干部训练班培训学员
（资料来源：合肥工业大学档案馆　档号：1952-Y-SX-0011）

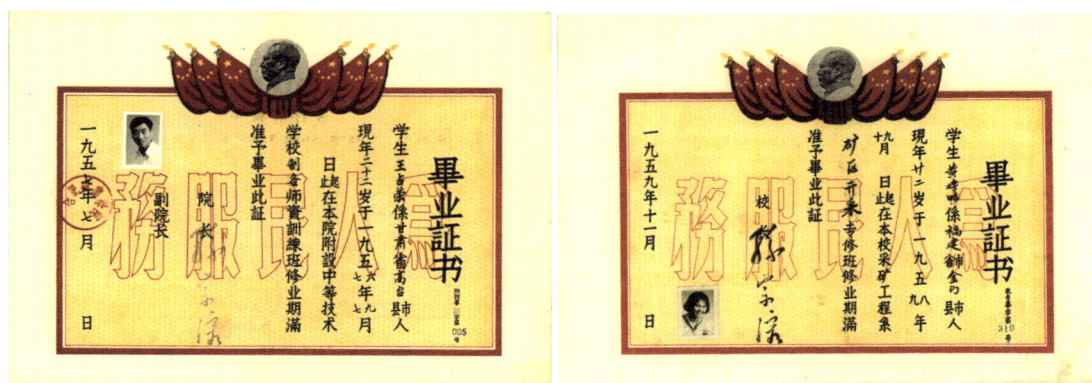

学校为社会培养实用人才所发的毕业证书
（资料来源：合肥工业大学档案馆　档号：1959-Y-JX-0058、1957-Y-JX-0089）

（四）真挚友谊，无私援助

苏联专家来校讲学
（资料来源：合肥工业大学档案馆
档号：1957-Y-DZ-0182）

新中国成立初期，学校与苏联高校交往频繁，苏联专家经常来校讲学、指导，为学校早期的教师培养、教学改革、实验室建设和科研发展提供了很多帮助。1956年，东北工学院采矿及选矿专业苏联专家索苏诺夫来学校进行为期8天的讲学，分采煤理论分析、破碎理论及方法等7个专题为师生作报告，同时与学校领导和采矿机械教研组教师座谈。

当时，因与苏联交流的密切，在全校师生中掀起了一股学习俄文的热潮。老师们组织了俄文学习互助组，相互学习研讨，举行学习经验交流会，努力提高阅读、翻译俄文专业书籍的水平，以便更好地学习苏联先进的科学技术知识，提高教学质量。

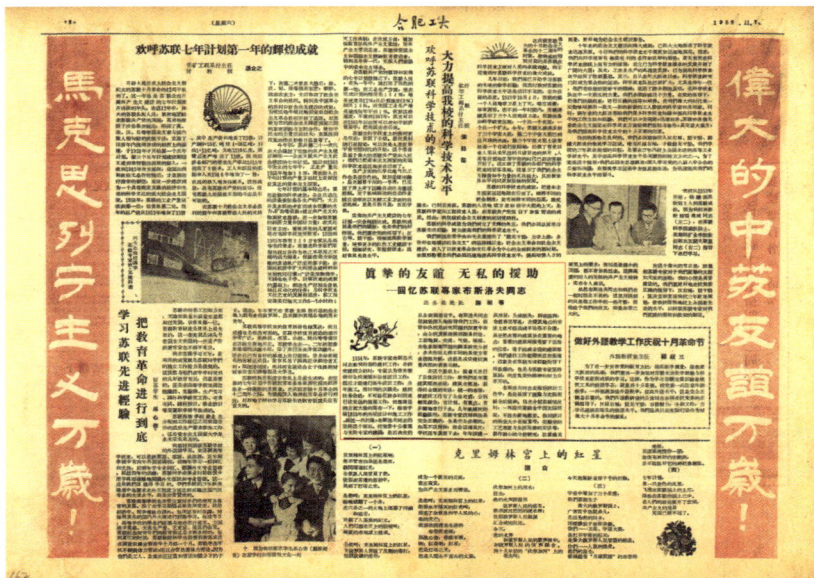

1959年11月7日《合肥工大》报刊登了时任总务处处长陈绍藩同志撰写的
回忆文章《真挚的友谊，无私的援助——回忆苏联专家布斯洛夫同志》
（资料来源：合肥工业大学档案馆　档号：1959-Y-DZ-0025）

　　1955年2月，高等教育部和燃料工业部同意将学校由淮南迁往合肥，不久苏联专家布斯洛夫来到学校帮助开展建校工作。布斯洛夫细致深入地指导建校工作，从学校发展规模出发，对校址勘查、工程地质、交通、气候、环境、水电来源等方面，进行了详细的调查分析，做出几种不同的具体方案来选择比较，为建校工作的圆满完成作出了突出贡献。

　　1959年11月7日《合肥工大》报刊登了时任总务处处长陈绍藩同志撰写的回忆文章《真挚的友谊，无私的援助——回忆苏联专家布斯洛夫同志》，文中提到"布斯洛夫同志在指导设计工作中，处处体现了理论与实际相结合的精神。他在介绍苏联情况时，一再指出要结合中国实际情况，不能生硬地搬套。他对设计的教室大小长短宽窄，实验室的工艺布置与生活用房的安排等，都作细心的分析研究，注意满足使用上的要求，哪怕是最细小的问题，都不肯放过去，这种高度的对人的关怀的共产主义精神，实在令人感动。虽然布斯洛夫同志和我们在一起时间不长，这里所谈到的只是他工作中的一些片段，但他给予我们的启发，却是非常之大的"。

　　1959年10月和11月，适逢中华人民共和国成立10周年和苏联"十月革命"胜利42周年，学校与有交流往来的莫斯科矿业学院、列宁格勒矿业学院、哈尔科夫矿业学院互致祝愿。

列宁格勒矿业学院对我校在十月革命纪念日发来的祝贺致以谢意
（资料来源：合肥工业大学档案馆　档号：1958-Y-DZ-0011-001）

四、攻坚克难　砥砺前行

　　抗日战争胜利后，在"工业救国"的口号下，安徽一大批有识之士希望省内创建一所高等学府来培养工业专门人才。1945年，安徽省立蚌埠工业职业学校在蚌埠黄庄诞生。两年后，学校升格为"安徽省立工业专科学校"。新中国成立后，学校遵照《中国人民政治协商会议共同纲领》提出的"应以提高人民文化水平，培养国家建设人才，肃清封建的、买办的、法西斯主义的思想，发展为人民服务的思想为主要任务"的工作方针，积极复校，为新中国建设培养人才。

　　1955年，学校改建为合肥矿业学院，1956年迁至省会合肥。在搬迁合肥、建设合肥新校区的过程中，全校师生攻坚克难、砥砺前行，一面加强基础建设和迁校工作，一面坚决贯彻执行党的教育方针，开展教育革命运动，学校的各项工作都取得了很大的成绩。

（一）筚路蓝缕，艰难起步

　　1946 年 11 月，皖北各县公推国民党参政员常恒芳、马景常等为代表面见安徽省政府主席李品仙，请求在皖北地区设立工业专科学校，以适应"工业建国"的需要。李品仙随即批复省教育厅核办。由于当时的安徽省财力有限，12 月 2 日，李品仙又致函淮南路矿公司，请他们在办学上给予支持。函中提到"民生凋敝。治本之计，……推广工业教育不为功。国立安徽大学既未设置工学院，本省势必另设工业专科学校，培植大量工业人才，以应当前之切要。"

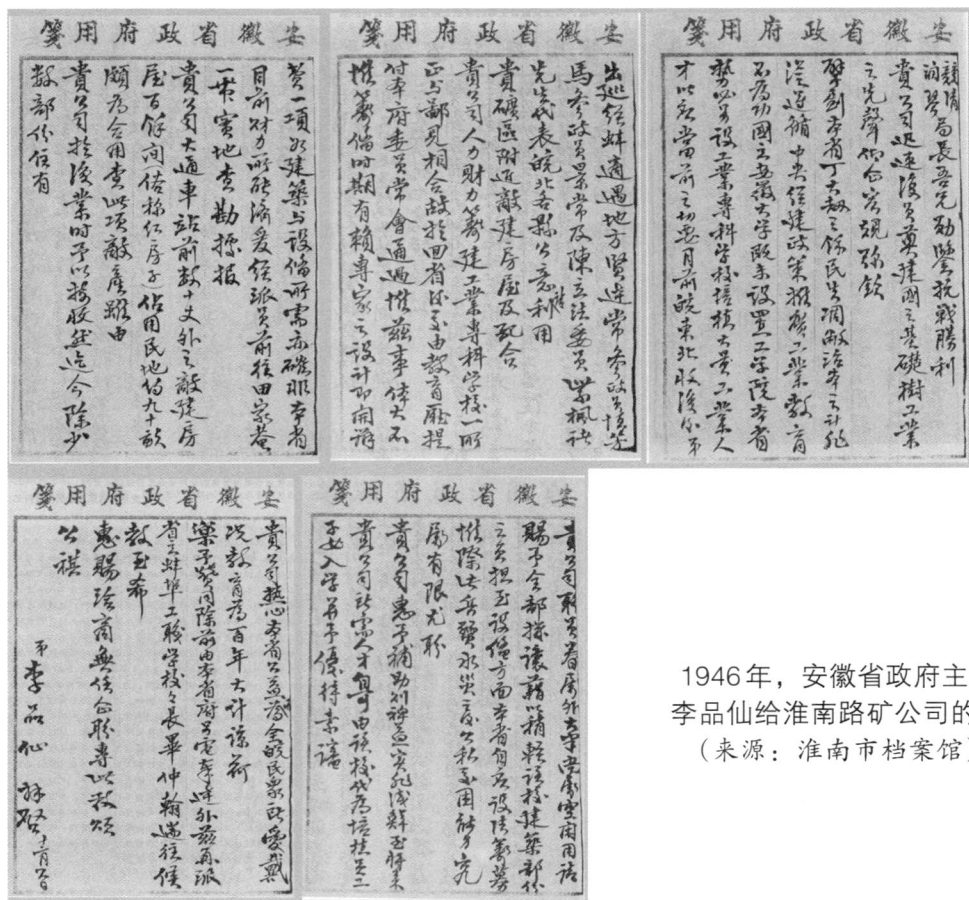

1946 年，安徽省政府主席
李品仙给淮南路矿公司的函
（来源：淮南市档案馆）

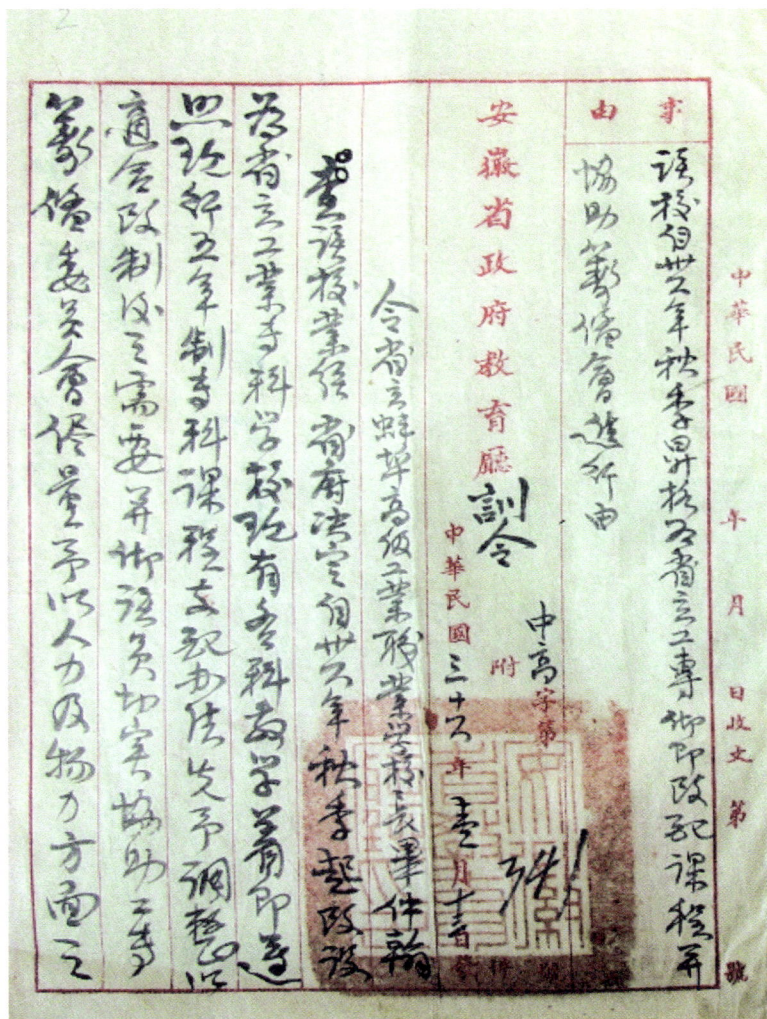

1947年1月，安徽省政府发出训令，对学校筹委会工作予以支持
（资料来源：合肥工业大学档案馆　档号：1947-Y-DZ-0001-002）

　　1947年1月，安徽省政府发出代电，公布了安徽省立工业专科学校筹备委员会委员名单。同时，教育厅还发出训令，指示安徽省立工业专科学校在安徽省立蚌埠高级工业职业学校的基础上升格办理，淮南路矿公司协助筹备，校址一并移设至淮南田家庵。当时国民党政府忙于内战，用于教育的经费远不能满足办学需要，所以学校虽属官办、名称省立，实则是官办民助创建起来的。

安徽省立工業專科學校籌備委員會　第一屆全體委員大會會議錄

時間：三十六年三月十五日上午十時
地點：蚌埠高工辦公廳
出席委員　常蔭侯　張湘澤（常蔭侯代）　陳獻南　柯育甫（得志仁代）
　　　　　葉元龍（宣介溪代）　顧訪白代　陳紫楓（陳甌新代）
　　　　　劉啟瑞（韓鈞衡代）　廖祥英（廖傳楨代）　倪棠仙（江近仁代）
　　　　　程啟溪　程舉庭　王德滋（胡師童代）　程章度
　　　　　吳競清（江近仁代）　陳雁峯　馬景常
主席　馬景常
紀錄　張雨蓁
甲、開會如儀
乙、主席報告
丙、討論事項
　　第一案　審定各分籌備計劃綱要案
　　議決（一）原擬第二期就地點以司家庵為原則必要時由常務委員會更行勘擇再報省政府。
　　第二、三項畢辦及議科壹案
　　第四項說班班與原擬通過（按：原擬先辦五年制高工現有基礎著手籌備，先辦機械、土木、電機三科。）
　　專科，日後視需要及財力，續辦兩年制專科。設科則遵照府令，就蚌埠

1947年3月安徽省立工业专科学校筹委会第一届全体委员大会会议记录
（资料来源：合肥工业大学档案馆　档号：1949-Y-DZ-0001-037）

　　1947年3月15日，安徽省立工业专科学校筹备委员会在蚌埠举行了第一次全体筹备委员大会。会议修正通过了毕仲翰主任委员草拟的《安徽省立工业专科学校筹备计划纲要》《安徽省立工业专科学校组织规程》等有关建校的各项章则，组织了各类委员会并推定人选，谋划了经费筹集办法等。遵循此次会议精神，筹备委员会正式开展工作。

1947年《安徽省立工业专科学校筹备计划纲要》
（资料来源：合肥工业大学档案馆　档号：1947-Y-DZ-0001-003）

　　在筹委会通过的《安徽省立工业专科学校筹备计划纲要》中，对学校办学定位、设校地点、学制以及设科、设班、校舍建设、设备购置、经费筹集、其他相关事项等，提出了建设与发展规划。

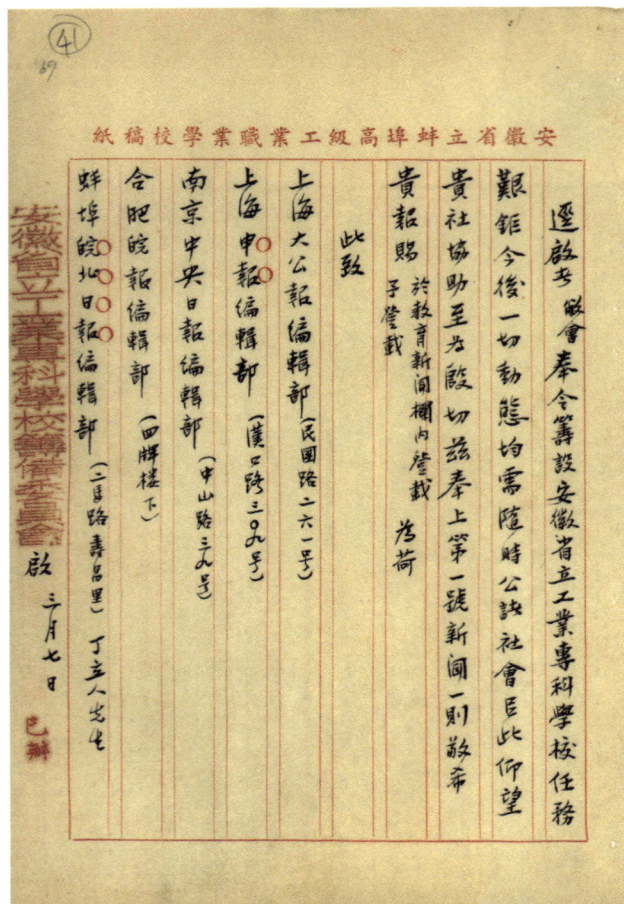

1947年3月学校发函恳请各大报纸媒体登载安徽省立工业专科学校筹备新闻
（来源：淮南市档案馆）

　　当时，省内外多家媒体对成立安徽省立工业专科学校的筹备工作给予了关注和报道。1947年3月10日的《申报》曾报道，"安徽省立工业专科学校就蚌市高工升格设立后……筹委会正副主任委员由参政员马景常、高工校长毕仲翰担任，工专筹备计划草案拟定。"3月12日的《大公报》上曾载："安徽省立工业专科学校，自经省府会议通过蚌埠市高工升格设立后，……校长毕仲翰已将该会各种章则草案拟定，定于本月十五日在蚌市黄庄该会内开第一次全体委员大会。"另，3月8日的《皖北日报》也报道了省立工专正在积极筹备中。3月16日，筹委会召开新闻发布会，向蚌埠各界汇报学校第一阶段筹备成果。

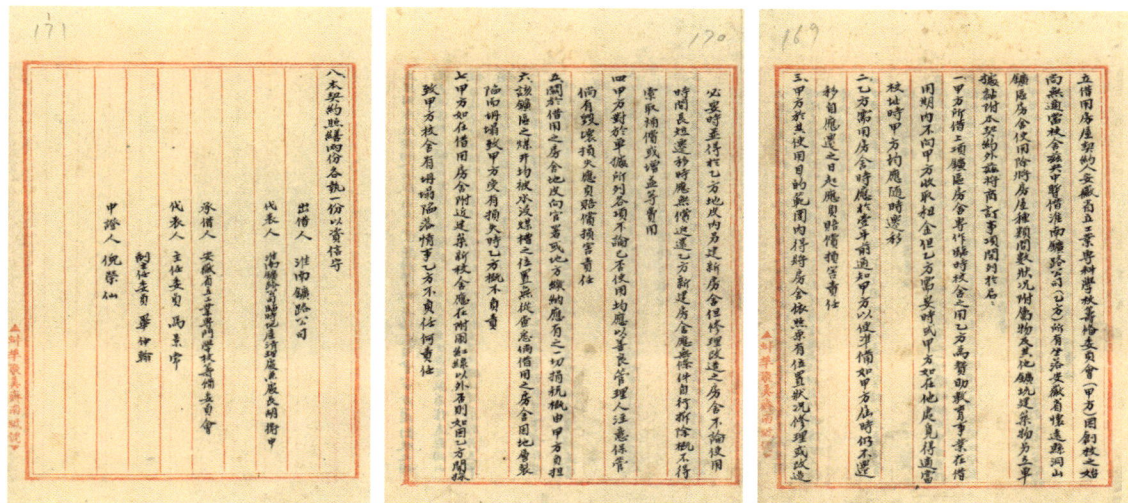

1947年安徽省立工业专科学校筹备委员会与淮南矿路公司签订借地契约
（资料来源：合肥工业大学档案馆 档号：1948-Y-DZ-0001-005）

安徽省立工业专科学校成立后第一年招收的新生，加上建校前蚌埠高级工业职业学校的老生约有四五百名，筹委会要全力解决师生的教学、实验、生活用房等问题。淮南矿路公司在田家庵近郊有废弃的洞山矿场房屋和田地若干，筹委会本想请该公司"拨让"这部分房舍用于办学，但该公司坚持仅可暂时"借用"，由于秋季新校区开学在即，双方于1947年10月4日签订了借房契约，借用淮南矿路公司洞山矿区房舍90余间给安徽省立工业专科学校作为校舍，由蚌埠江淮建设工厂承包修缮。

1947年10月，安徽省立工业专科学校建校舍征购洞山区土地户名清册
（来源：淮南市档案馆）

　　除了"借用"房舍之外，学校还需新建教室、宿舍、实验室以及各类建筑。为了建筑新校舍，筹委会先后在淮南矿路公司洞山矿区附近征购土地100余亩，预计所需建筑费用8.4亿元（当时的货币）。

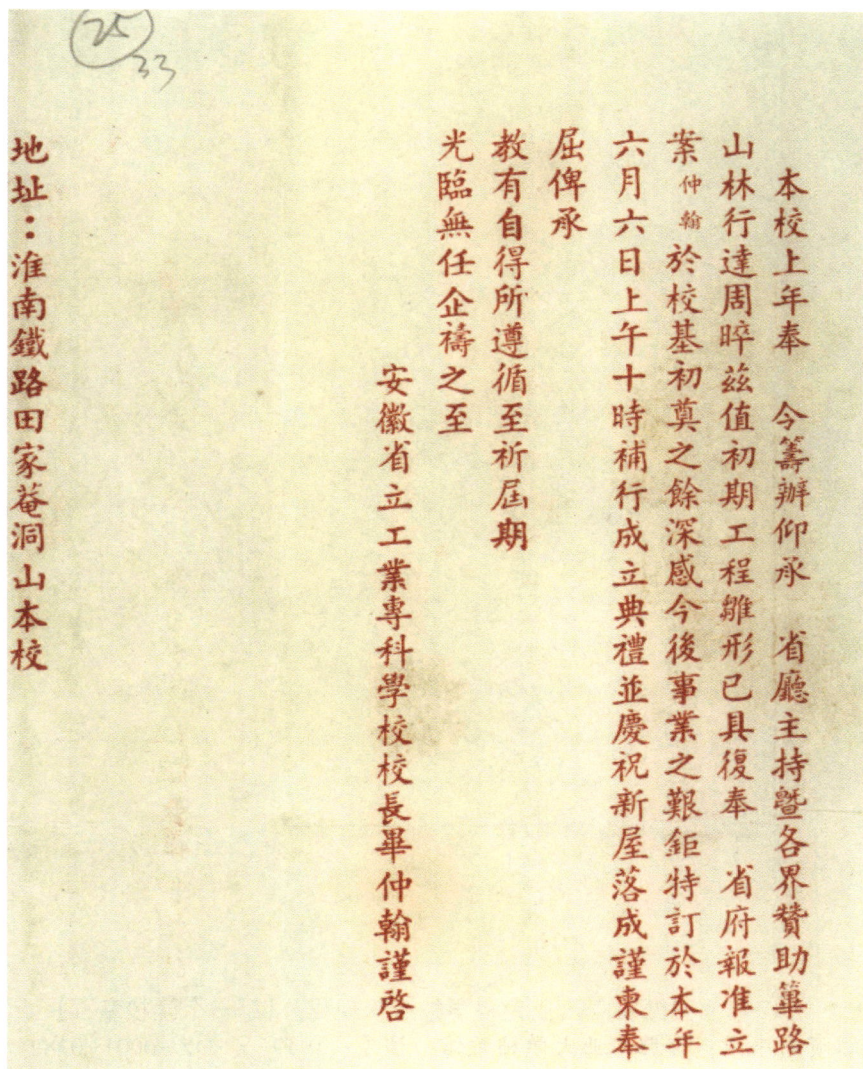

地址：淮南鐵路田家菴洞山本校

光臨無任企禱之至

教有自得所遵循至祈屆期

屈俾承

六月六日上午十時補行成立典禮並慶祝新屋落成謹柬奉

案於校基初奠之餘深感今後事業之艱鉅特訂於本年

山林行達周晬茲值初期工程雛形已具復奉　省府報准立

本校上年奉　令籌辦仰承　省廳主持暨各界贊助篳路

仲翰

安徽省立工業專科學校校長畢仲翰謹啟

1947年安徽省立工业专科学校成立庆典邀请函
（来源：淮南市档案馆）

1947年6月3日，学校由蚌埠迁往淮南洞山新址，安徽省立工业专科学校在淮南洞山正式成立。9月3日，安徽省教育厅转发省政府聘书，聘毕仲翰为安徽省立工业专科学校校长。10月18日，学校正式启用"安徽省立工业专科学校"印章。

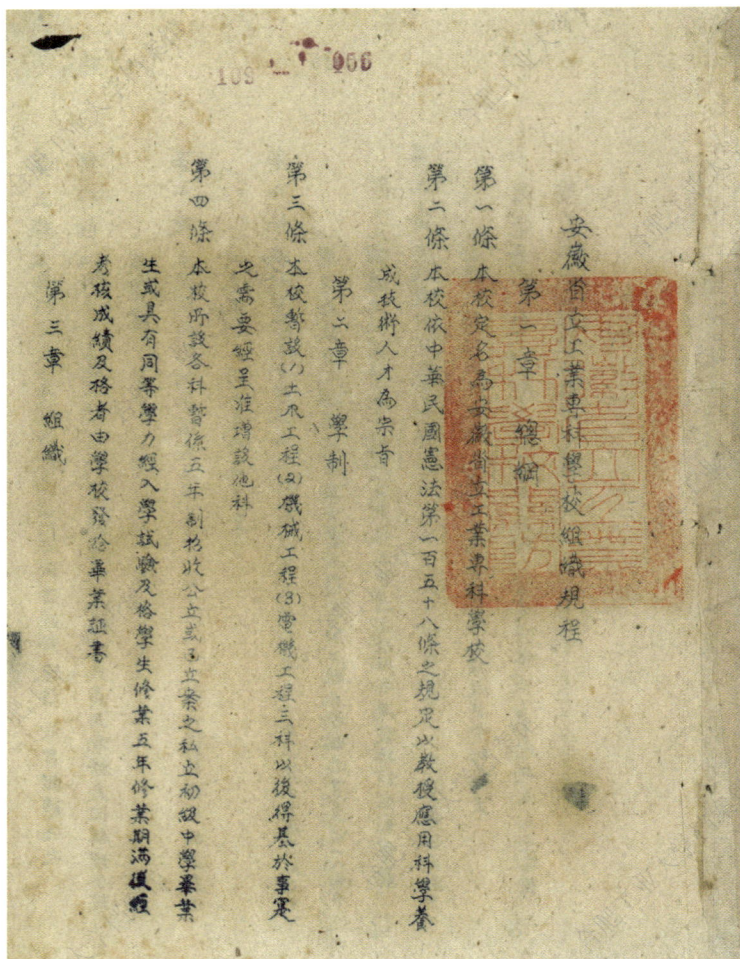

1947年《安徽省立工业专科学校组织规程》（第一个学校章程）
（资料来源：合肥工业大学档案馆 档号：1949-Y-DZ-0001-038）

安徽省立工业专科学校成立后，制定了《安徽省立工业专科学校组织规程》，这是我校历史上第一个学校章程。

《规程》共6章20条，内容包括总纲、学制、组织、会议、章则、附则等，并对学校的名称、办学宗旨、专业、学制、内部组织机构的组成，以及校务会议和学校各类会议的人员构成及议事规则等都做了详细规定。《规程》规范了学校内部的权力运行规则，在推动学校发展进程中起到了关键性作用。

安徽省立工業專科學校三十六年度招生簡章

一、緣起：安徽省立工業專科學校籌備委員會於本年一月成立奉　省政府令就省立蚌埠高級工業職業學校之現有基礎予以擴充後改制旋遵應需要經省府第一二三四次常會議決工專校址改設田家庵承淮南路礦公司之洞山房屋兩所計九十間現正鳩工修理此外自購地基百畝新建校舍百間預計可於秋後完成

二、設科及名額：本校分設機械工程電機工程及土木工程三科各科均招收一年級新生五十名

三、資報考格：凡曾在公立或已立案之初中畢業持有證件而年齡在十六足歲以上十八足歲以下者不分性別均可報考

四、年修限業：遵照五年制專科規定各科均一律五年畢業

五、繳費：學宿費免收燈火燃料由校的予供給膳食書籍儀器及其他費用依實際需要徵收

六、獎學金：凡清寒優秀適合於部頒專科以上學校獎學金辦法內各項規定者由校給予獎學金（數額與本校舊生公費待遇同）其名額以不超過錄取新生總額百分之二十為限志願報考獎學金者可參閱七月十二日南京中央日報教育部公佈之專科以上學校學生獎學金辦法並履行其各項規定之手續

七、考試：
科目：分公民國文英文數學理化口試等六項公民及口試成績各佔總成績百分之五國文及英文各佔百分之十五數學及理化各佔百分之三十

八、證：攷生報名後持同報名收據隨時申請體格檢查凡體格檢查不合格者不准應考

九、日期報名：各考區均自八月十日起至十二日止

十、手續報名：報名時須繳（一）正式初中華業文憑或本期畢業之臨時證明書（二）最近二寸脫帽半身照片三張（三）考試費一萬元考取與否概不退還（四）凡報考獎學金者除上列各項外并須隨繳（1）獎學金申請書（2）清寒證明書（3）保證書

十一、地點日期：各考區均自八月十四日上午八時起開始攷試時間分配臨時公佈

十二、試地點：（一）蚌埠黃莊本校籌備委員會（二）合肥省立合肥中學（三）安慶白花亭省立

十三、揭曉：考畢後兩週內在南京中央日報披露

十四、開職學日期：揭曉後另行通知

十五、校址：淮南鐵路田家庵洞山醫職

1947年安徽省立工业专科学校招生简章
（来源：淮南市档案馆）

　　1947年，安徽省立工业专科学校正式在淮南办学前便发布了招生简章，这是目前我校现存的年代最久远的一份招生简章。

　　1947年秋，学校招收机械工程、土木工程、电机工程3科，每科1个班新生。后由于在蚌埠、合肥、安庆三地招生，报考人数达千人，于是增招1个义务班60人。1947年10月11日学生进校注册，10月21日上课。加上之前蚌埠高级工业职业学校原有的班级与学生，此时学校共有13个班，在校学生476人。

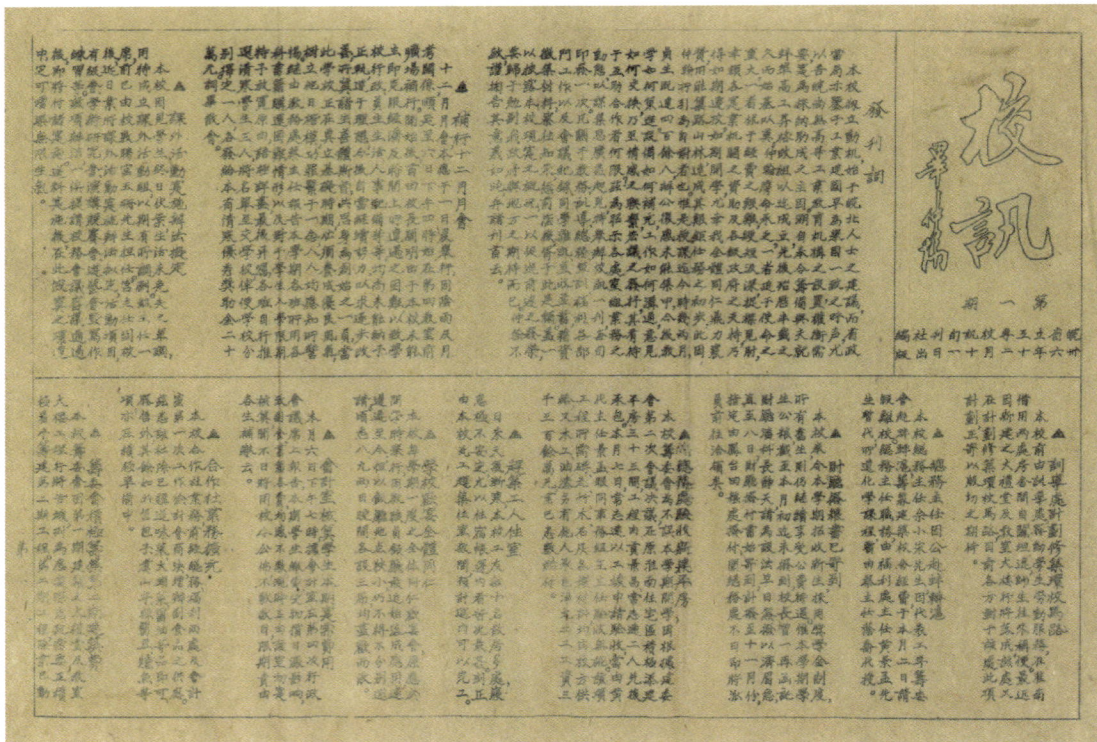

1947年12月安徽省立工业专科学校《校讯（第一期）》
（来源：淮南市档案馆）

1947年12月11日出版的安徽省立工业专科学校《校讯》（旬刊）上，毕仲翰校长在发刊词中曾对学校创办之艰难有相关表述："本校创立动机，始于皖北人士之建议，而省政当局亦鉴于工业建国早为举国一致之呼声，尤以吾皖尚无高等工业教育机构之设置，权衡需要，实为采纳助成之主因。……仲翰膺命承之，一者迫于使命之重大，一者忧于经费之艰难，绠短汲深，捉襟见肘，幸赖各实业机关之资助及各级政府之支持，乃得如期迁校，如期开学。"

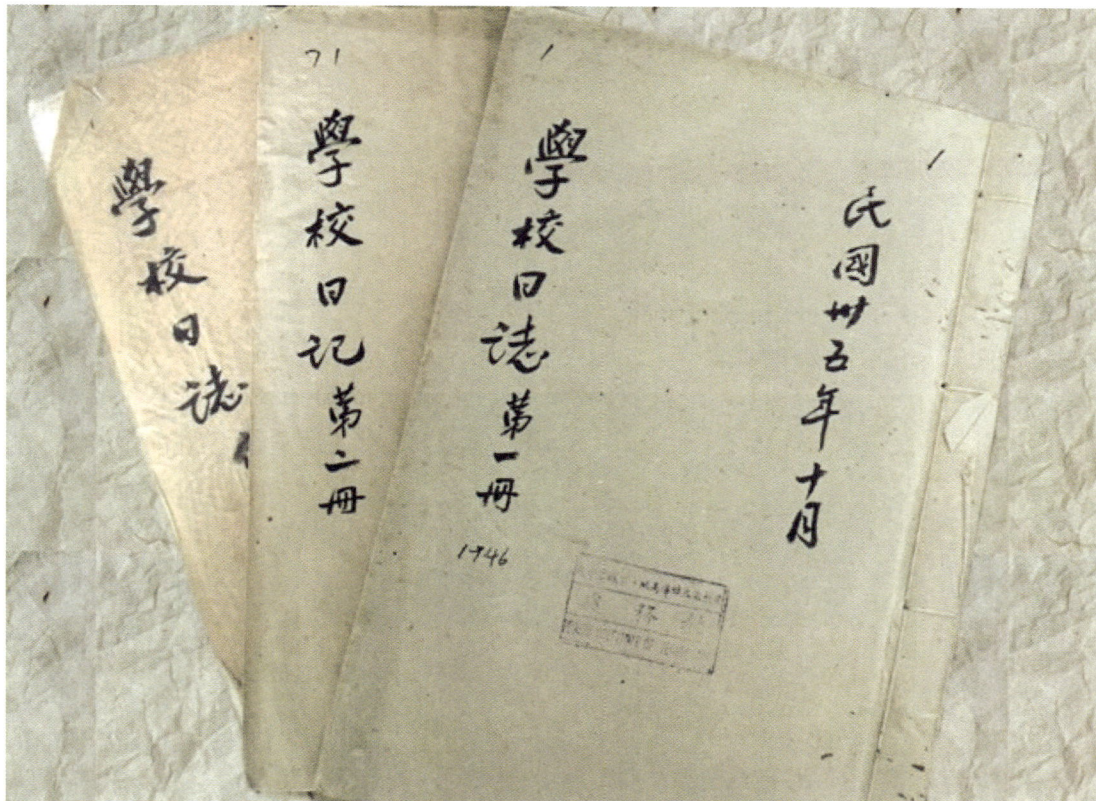

1946—1948年安徽省立工业专科学校日志
（资料来源：合肥工业大学档案馆 档号：1948-Y-DZ-0002-001/002/003）

学校档案馆至今仍保存着1946—1948年安徽省立工业专科学校日志三册。其中详尽记录着学校的大事要事、每一次重要会议、每一项教学活动。从安徽省立工业专科学校的成立历程中可以看出，第一代工大人始终深怀"工业救国"之志，以为国家和地方培养高级工业人才为宗旨，从一所职业学校起步，进而发展到工业专科学校，实属不易。学校规模、专业设置和师生人数不断扩大，也为之后合肥工业大学的发展打下了坚实基础。

（二）改天换地，迎接新生

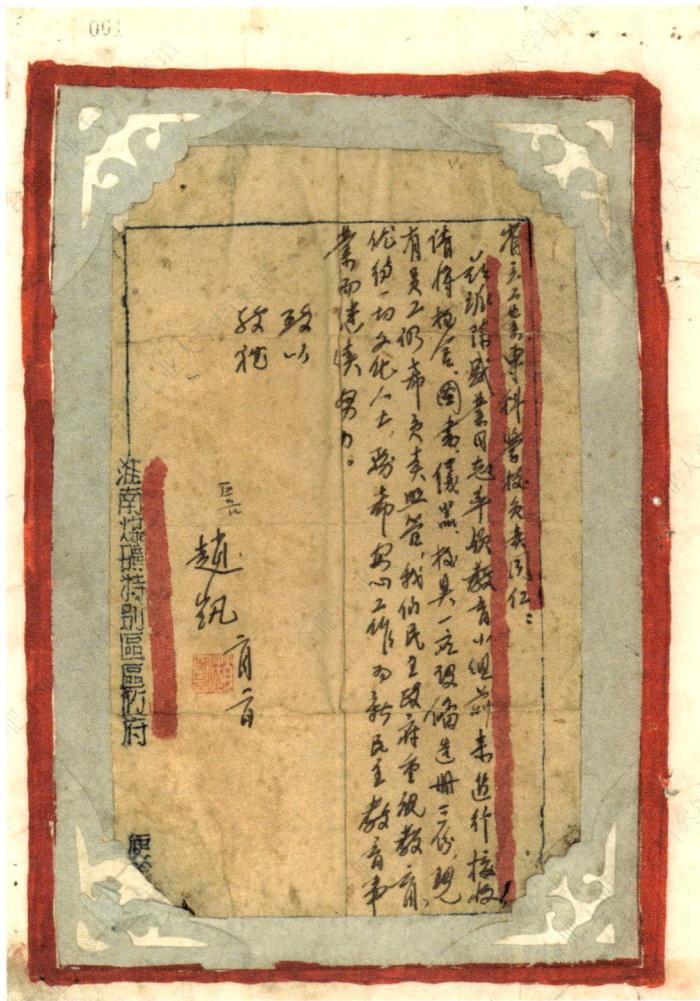

1949年淮南煤矿特区区长赵凯写给安徽省立工业
专科学校负责人的信件
（资料来源：合肥工业大学档案馆
档号：1949-Y-DZ-0001）

1949年1月17日午夜，淮南田家庵解放；1月18日，淮南大通、九龙岗相继解放。皖北人民行政公署和淮南煤矿特区人民政府先后宣告成立。

2月2日，淮南煤矿特区文教科长陈盛业率领教育小组前来学校进行接收。他们持淮南煤矿特区区长赵凯亲笔写给"（安徽）省立工业专科学校负责同仁"的公函，要求学校"将校舍、图书、仪器、校具一应设备造册三份，现有员工仍希负责照管，我们民主政府重视教育，优待一切文化人士，务希安心工作，为新民主教育事业而继续努力"。从书信中可看出当时政府对于复校的重视。

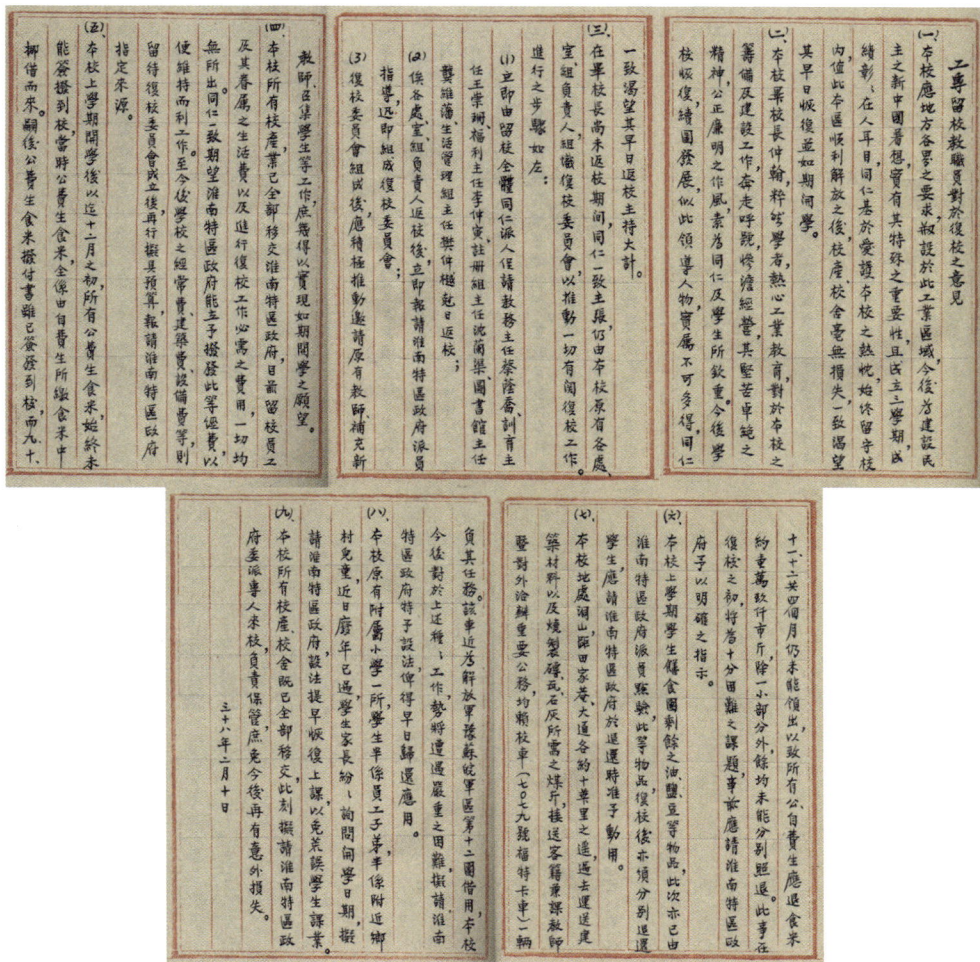

1949年2月《工专留校教职员对于复校之意见》
（资料来源：合肥工业大学档案馆　档号：1949-Y-DZ-0001）

　　1949年2月11日、28日，淮南煤矿特区政府两次召开全区公、私立专科学校与中小学原负责人及教职员代表联席会议，布置各校迅速复校上课。学校全体留校教职员拟写了《工专留校教职员对于复校之意见》，第一条中就明确"今后为建设民主之新中国着想……同仁基于爱护本校之热忱，始终留守校内，值此本区顺利解放之后，校产、校舍毫无损失，一致渴望其早日恢复并如期开学"。由此可以感受到老一辈工专人为了能早日复校而积极准备，展现了他们的爱校情怀。

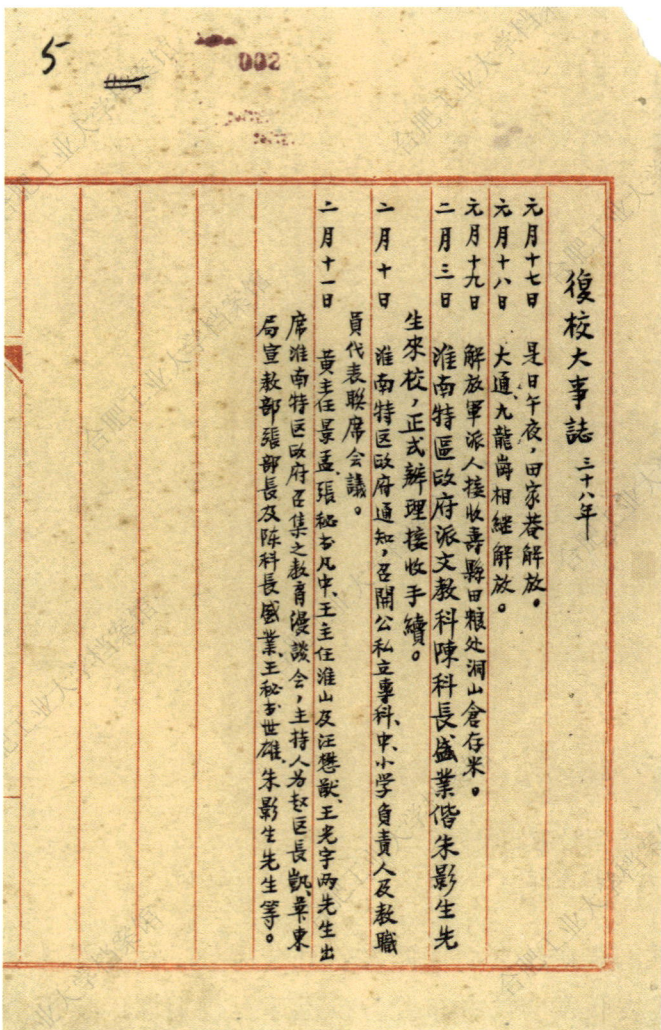

复校大事志

（资料来源：合肥工业大学档案馆

档号：1949-Y-DZ-0001-002）

据《复校大事志》记载：

元月 17 日，是日午夜，田家庵解放。

元月 18 日，大通、九龙岗相继解放。

元月 19 日，解放军派人接收寿县田粮处洞山仓存米。

2 月 3 日，淮南特区政府派文教科陈盛业、朱影生来校，正式办理接收手续。

2 月 10 日，淮南特区政府通知，召开公私立专科、中小学负责人及教职员代表联席会议。

2 月 11 日，黄景孟、张凡中、王淮山及汪懋猷、王光宇出席淮南特区政府召集的教育漫谈会，主持人为赵凯区长、华东局宣教部张部长及陈盛业、王世雄、朱影生等。

从《复校大事志》中可以看到人民政府和老一辈工专人为复校积极奔走的场景。

　　1949年3月初，淮南煤矿特区政府批准蔡荫乔、陈盛业、张智珊、方仲九、叶守肃等15人组成复校委员会。蔡荫乔为主任委员，陈盛业为副主任委员。在复校委员会主持下，积极开展复校工作。

　　3月18日上午，复校委员会召开第一次会议。会议讨论了学校各处室的职务分配、福利处取消后其主办业务该归何处办理、注册截止日期是否延期、工警名额如何规定、教职员工宿舍如何分配、煤斤如何分配等问题，明确了人员分工及处室部门职责以及员工福利待遇，为安排复校做了积极准备。

1949年3月18日复校委员会第一次会议记录
（资料来源：合肥工业大学档案馆　档号：1949-Y-DZ-0003-001）

3月12日，学校复校上课，除了召回老生外，还补招49名新生，有土木工程科、机械工程科、电机工程科3个专业11个班。图为学校的开学通告和招收插班生通告，明确了老生复学的开学日期、注册日期和缴费事宜，并将招收插班生的名额、报考资格、报考日期、考试日期、考试科目、报名手续、报名及考试地点及缴费等事宜在公告中一一列出，为复校及招生工作做足了准备。

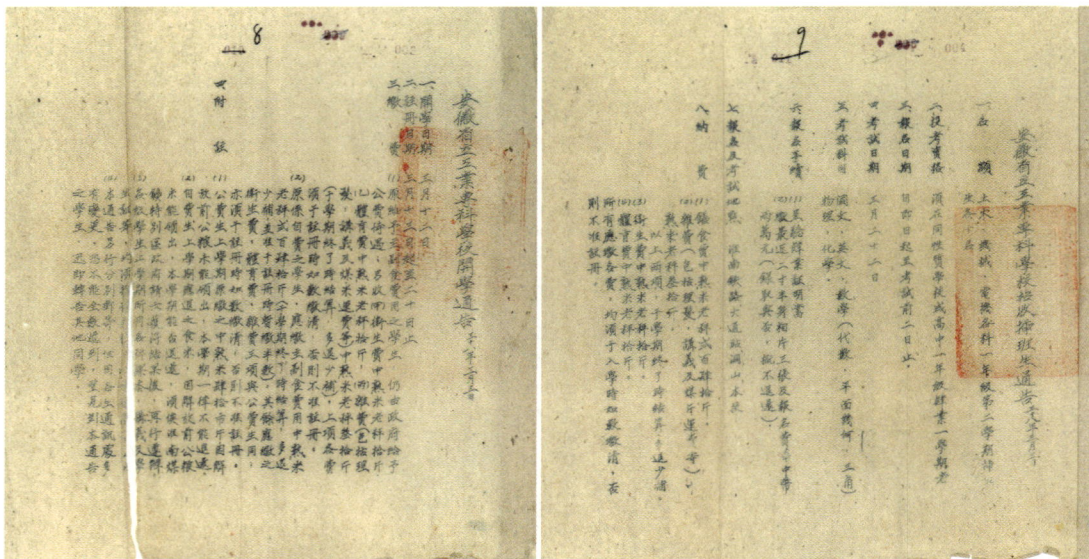

1949年3月，淮南解放后学校的开学通告及接收插班生通告
（资料来源：合肥工业大学档案馆　档号：1949-Y-DZ-0001-003）

学校在复校过程中，除组织老生复学和招收新生外，还积极增聘师资。至7月，除原留校和应邀返校的 27 人外，又新聘了教师 11 人，总共 38 人，比 1948 年下半年少 27 人。工人留校、返校的共 29 人，新雇用 16 人，合计 45 人（包括校警 20 人），与 1948 年人数相等。图为 1949 年 2 月由复校委员会主任委员蔡荫乔签发的聘书，聘书中明确聘任教职员工的职位及薪资待遇等。

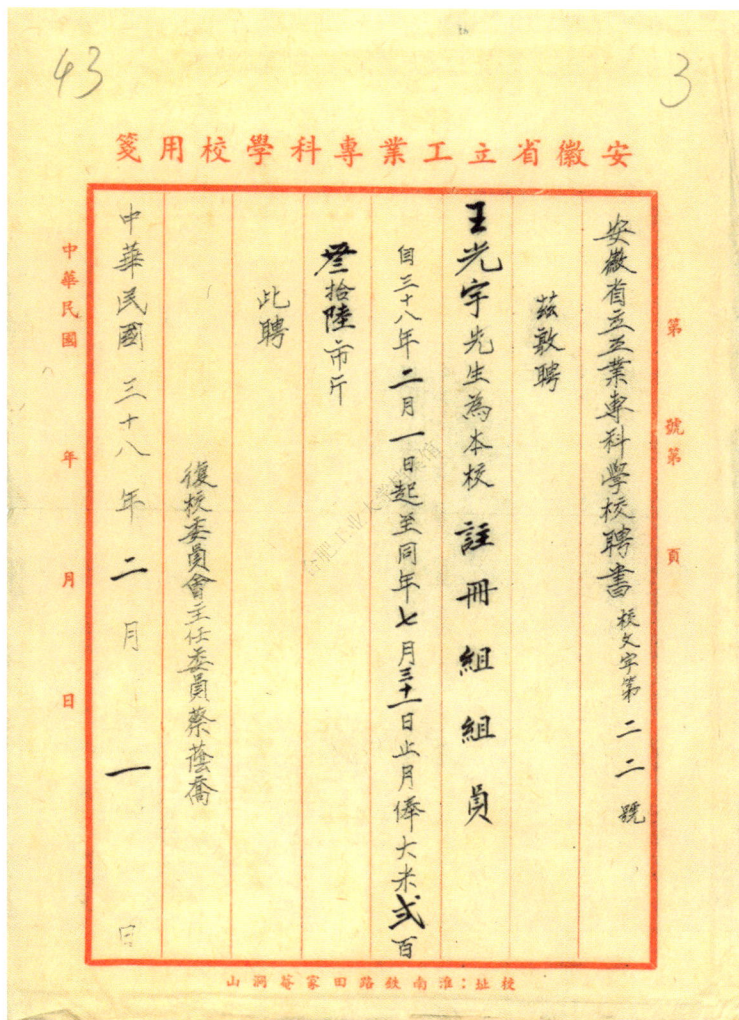

安徽省立工业专科学校聘书
（资料来源：合肥工业大学档案馆　档号：1949-Y-DZ-0003-003）

（三）自力更生，建设新校

　　提起合肥工业大学，人们自然会想起紧邻北门的那幢教学主楼，这幢红色教学楼是典型的苏式建筑。20世纪50年代，学校为了降低建校成本，许多师生员工为主楼的建设付出了辛勤的劳动，师生职工利用暑假参加主楼勤工助学劳动，如土木工程系师生职工及系测量队、麒麟山水泥厂的技工和基建科的职工等，参加了平整主楼周围地坪的工作。

师生参加合肥工业大学教学主楼建设的场景
（资料来源：合肥工业大学档案馆老照片）

　　当新校建设技术力量不足时，学校党委调出土木工程系教师前来支援。石子、木板、水泥等材料缺乏时，总务处想尽办法，发动青壮年职工在校园内各地挖废石子，还曾发动两百余职工到合肥钢铁厂连夜运回300吨水泥、到安徽省建筑公司木材加工厂突击制木板。正是由于师生员工们的苦干、实干和巧干，日夜奔忙，才使主楼建筑工程从复工以来没有一日中断过，才使主楼建设工程加速推进，为早日投入使用打下了坚实的基础。

合肥工业大学教学主楼等建设施工场景
（资料来源：合肥工业大学档案馆　档号：1957-Y-SX-0001-003）

合肥新校舍工程進展迅速

合肥新校舍建築工程，開工兩月來，日夜施工，並使用了許多機器，工程進展迅速。目前，四幢學生宿舍已有兩幢蓋好屋面，另兩幢正上屋架；教職員工住宅也已上了屋架，預計這兩項建築在下旬卽可全部蓋好屋面，年內還將進行室內的水電安裝工程。實習工廠和實驗室的牆已砌至屋沿，年內將可完成全部預製構件。學生食堂年內亦將基本完成。本年度最大的一項工程——一萬一千多平方公尺的一般四層局部五層的教室大樓，年內也可以完成三層。

工人們正在澆灌學生宿舍的混凝土樓板。

工地上使用了許多機器，減輕了某些工種工人的體力勞動，提高了施工效率，使工程質量更有了保證。圖為混凝土拌合機在拌合混凝土的情形。

工人們正在教職員工住宅綁紮鋼筋。

合肥新校舍工程建设现场
（资料来源：合肥工业大学档案馆　档号：1957-Y-DZ-0182-P28）

（四）迁校合肥，谋划发展

为保证教学与迁校工作两不误，使迁校工作有领导、有计划、有组织地进行，1956年1月，学校成立了专门的迁校工作组。大规模的整体迁校，数千人的大迁移，在各方面都会遇到一定的困难，但全校师生员工克服重重困难，1956年暑假顺利完成迁校工作。迁校合肥，对于学校的发展具有重大的历史意义。

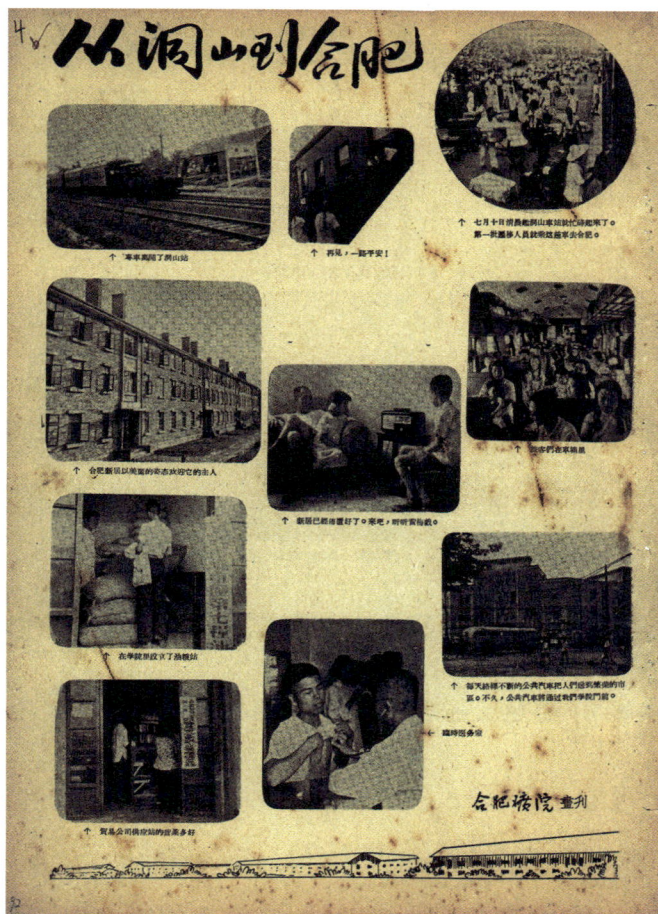

1956年7月21日《合肥矿院》报第四版刊登教职工从洞山搬迁至合肥的部分场景
（资料来源：合肥工业大学档案馆　档号：1957-Y-DZ-0182）

1956年7月7日《合肥矿院》报第四版刊登合肥矿业学院搬迁的几个镜头
（资料来源：合肥工业大学档案馆　档号：1957-Y-DZ-0182）

中共合肥矿业学院第一次代表大会召开
（资料来源：合肥工业大学档案馆
档号：1956-Y-SX-0009）

迁校合肥后，1956年11月18日至
20日，学校召开了第一次党员代表大
会。大会学习和传达了中共八大会议精
神，听取、讨论和通过了由孙宗溶代表
党委作的工作报告，选举产生了新一届
的中国共产党合肥矿业学院委员会。

《合肥矿院》报关于学校
第一次党代会召开的报道
（资料来源：合肥工业大学档案馆
档号：1957-Y-DZ-0182）

　　学校迁至合肥后，继续发扬艰苦奋斗、自强不息的精神，克服重重困难，不断加强教学改革、提高教学质量、发展教学研究工作，至1958年学校更名为合肥工业大学时，专业、教职工、学生数都大幅增加。特别是专业数量，由原来属于采矿类的5个系5个专业，发展到包括众多工程技术类别的8个系18个专业。这在学校发展史上是一个有重大意义的历史阶段。

合肥矿业学院机电系五六二一毕业班同学在斛兵塘前留影
（资料来源：合肥工业大学档案馆老照片）

　　1958 年，为了更好展示教育成果，学校专门筹办了教育革命展览。同时，为进一步激发学校师生的科研工作热情，还建立了专业陈列室。

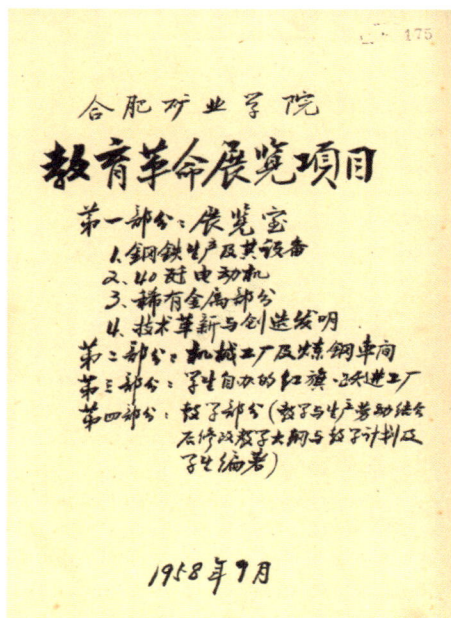

1958 年 9 月学校筹办的教育革命
展览项目的内容目录
（资料来源：合肥工业大学档案馆
档号：1958-Y-DZ-0006-034）

地质系地质岩矿陈列室
（资料来源：合肥工业大学档案馆老照片）

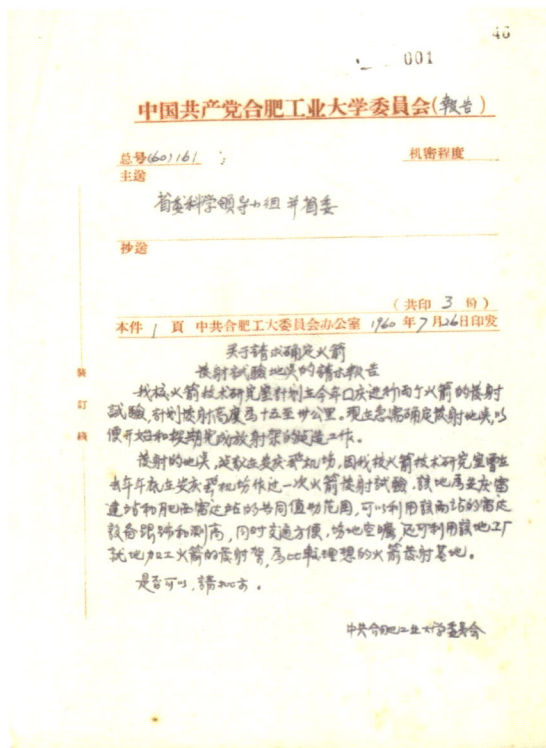

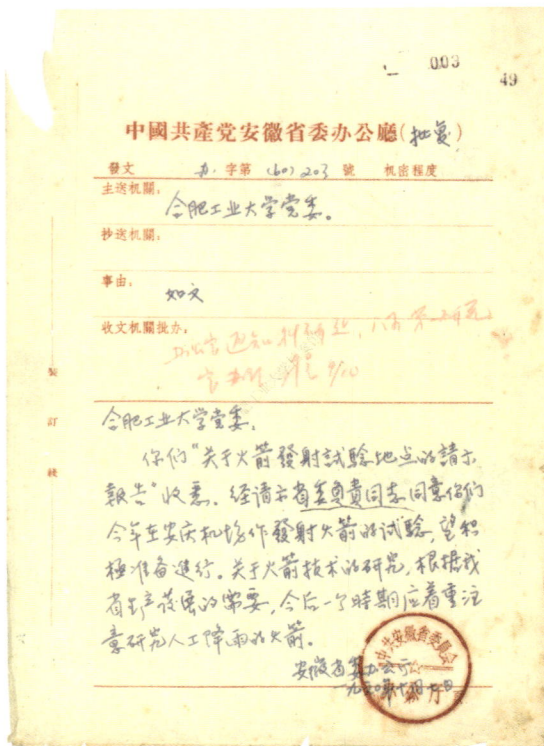

关于确定火箭发射试验地点的请示报告与批复
（资料来源：合肥工业大学档案馆　档号：1960-Y-DZ-0002-001/002）

　　根据安徽省委指示，1958年12月，由安徽省军区、合肥工业大学等单位联合建立了力学实验室（后更名为第一研究室），开展火箭方面研究。1959年经过了20余次发射试验，实验室基本掌握了小型固体燃料火箭发射技术，特别在固体燃料配方研究方面取得一定经验，同时对液体燃料火箭发射也同步做了研究试验。1960年，继续进行小规模发射试验，带动了学校相关学科的技术研究，得到了安徽省的积极支持。

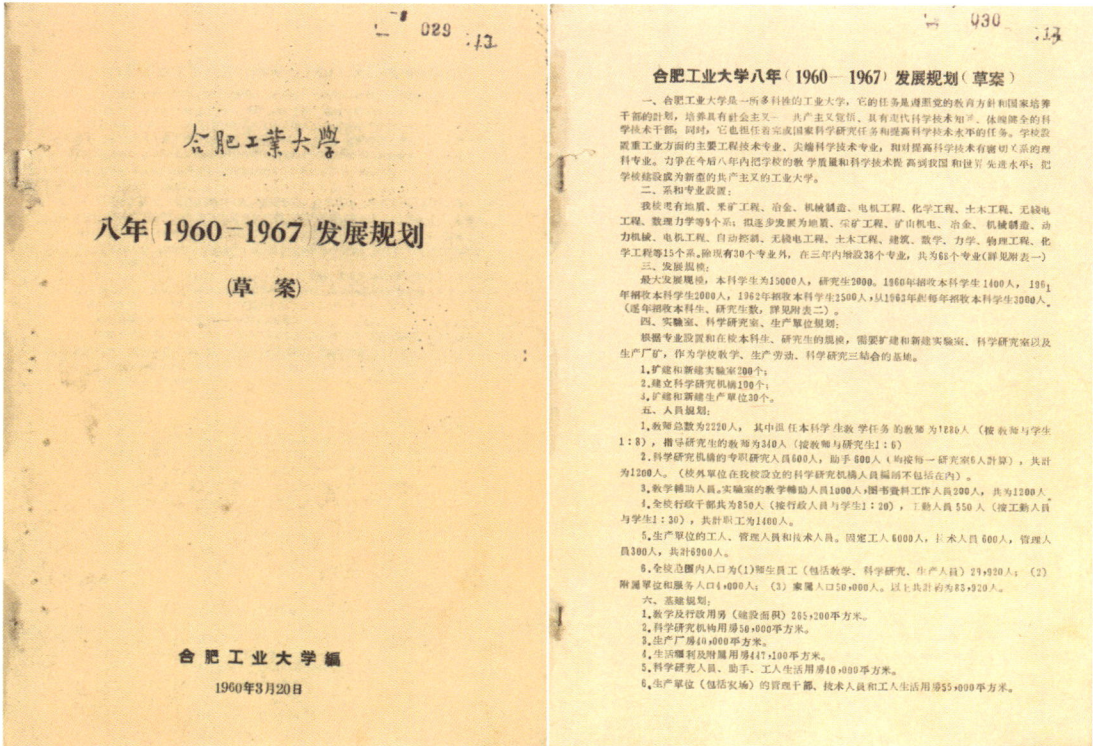

《合肥工业大学八年（1960—1967）发展规划（草案）》
（资料来源：合肥工业大学档案馆 档号：1960-Y-DZ-0003-016）

  1960年进入全国重点大学行列以后，学校适时调整办学规模，制定了八年发展规划，明确了发展方向。

  在1962年划归第一机械工业部领导后，学校专业设置主要面向机械行业，以机电为主。此阶段，学校积极贯彻"高教六十条"，不忘"工业报国"的初心，从工农业生产和国防建设需要，以及教学、科研、生产三结合的要求出发，深入开展教育革命，围绕机械行业人才需求与科学研究开展工作，培养了大批社会主义建设人才。

1963年，第一机械工业部关于部属高等学校专业设置和发展规模的通知，对我校招生规模、开设专业等进一步做了明确（本科4500人，研究生200人）

（资料来源：合肥工业大学档案馆　档号：1963-Y-DZ-0019-011、1963-Y-DZ-0019-012）

五、领导关怀　春风化雨

　　1958年学校正式改名为合肥工业大学，并于1960年跻身全国重点大学行列。当时学校迁到合肥不久，新校区面积较大，校舍宏伟，有很多实验室，设备较新，加上学校科研成果甚多，时常举办科研成果展览，全校师生员工精神面貌也焕然一新。因此，中共安徽省委及省委第一书记曾希圣同志对学校的发展和成就非常满意，对学校也十分重视和信任。

　　这一时期，党和国家领导人刘少奇、朱德、邓小平、董必武、彭真、陈毅、杨尚昆等同志来安徽视察工作时，省委及曾希圣等同志往往请他们到学校视察、指导工作。他们的到来，给全校师生员工很大的教育和鼓舞，对学校各项工作的开展起到了有力的推动和促进作用，成为学校宝贵的精神财富。这些都鼓舞着一代代工大人接续奋斗，顽强拼搏，砥砺奋进，争创一流。

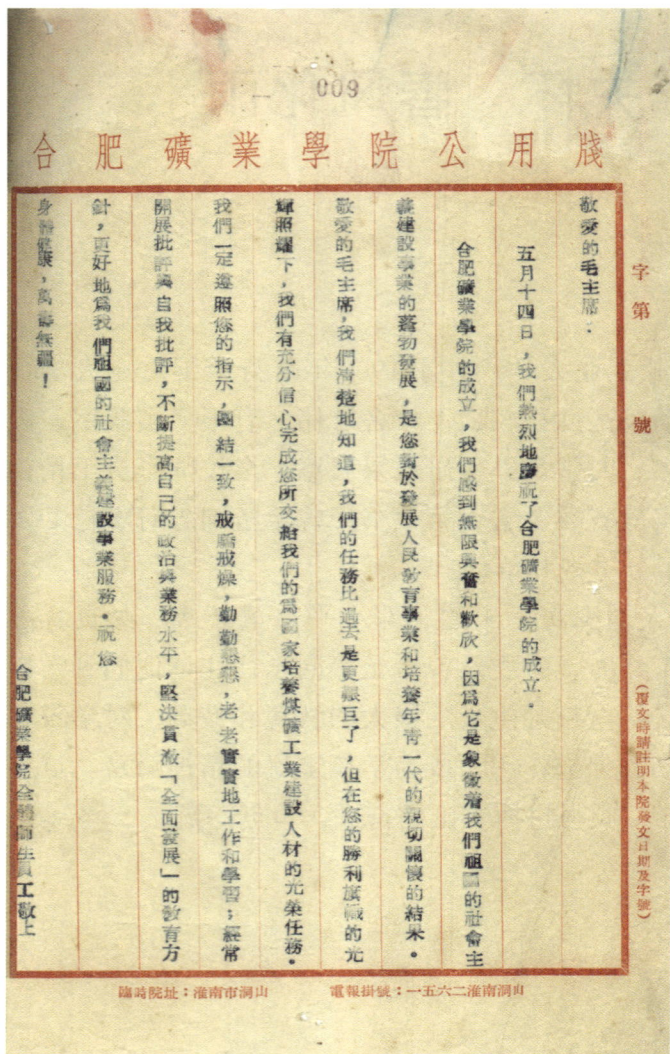

1955 年合肥矿业学院成立时给毛泽东主席写的一封信
（资料来源：合肥工业大学档案馆
档号：1955-Y-DZ-0002-008）

1955 年 3 月，经国务院批准，学校由"淮南煤矿工业专科学校"改建为"合肥矿业学院"。5 月 14 日，在淮南洞山正式挂牌。全校师生员工为了表达发展教育事业与培养年轻一代的决心和信心，给敬爱的毛泽东主席写信。信中写道："我们有充分信心完成您所交给我们的为国家培养煤矿工业建设人才的光荣任务。我们一定遵照您的指示，团结一致，戒骄戒躁，勤勤恳恳，老老实实地工作和学习；经常开展批评与自我批评，不断提高自己的政治业务水平，坚决贯彻'全面发展'的教育方针，更好地为我们祖国的社会主义建设事业服务。"

合肥工大

HEFEI GONG—DA

1958.11.8.　第133期　合肥工业大学校刊编辑室出版

教育同生产劳动相结合，这是无产阶级教育方针
基本特点之一，我们的教育决不能和劳动相分离。在
旧社会里教育同劳动始终是分离的。过去学校学生实
习时，有的也有些生产劳动，但不是我们的提法，我
们的提法是教育和劳动相结合，而且将来要逐步做到
消灭脑力劳动和体力劳动的差别。两句话：工农分子
知识化，知识分子工农化。
——摘自11月6日安徽日报"少奇同志在安徽"

少 奇 同 志 在 合 肥 工 大

1958年11月8日的《合肥工大》报，刊登了刘少奇同志10月19日来校视察指导工作的报道
（资料来源：合肥工业大学档案馆　档号：1959-Y-DZ-0025）

　　1958年10月19日，中共中央副主席、全国人民代表大会常务委员会委员长刘少奇同志来校视察。刘少奇同志参观了炼铁工地、电机厂、吹氧炼钢厂、校办机械厂、学生自办的红旗机器厂以及教育革命展览室，看了很多师生试制的科研项目展品，接见了校、系负责人和部分教授，赞扬了师生自己动手勤工俭学的艰苦奋斗精神。

　　刘少奇同志莅临学校视察工作，体现了党中央对学校的关心关爱和高度重视，鼓舞着师生更加坚决地贯彻党的教育与生产劳动相结合的教育方针，更加努力地把教育革命进行到底，培养出又红又专的共产主义的劳动者，更加积极地投入学校的建设和发展中，以出色的劳动成果报答党和领袖的关怀与教导。

合肥工大

HEFEI GONG-DA

1960. 9. 12. 第250期 合肥工业大学校刊编辑室出版

朱 德 副 主 席 来 我 校 视 察

参观了科学研究展览馆等处 作了重要指示

1960年9月12日的《合肥工大》报，刊登了朱德同志6月27日来校视察指导工作的报道
（资料来源：合肥工业大学档案馆 档号：1964-Y-DZ-0063）

1960年6月27日，中共中央副主席、全国人民代表大会常务委员会委员长朱德同志来校视察。在听取了党委书记、校长孙宗溶同志汇报后，他视察了校办机械厂、第二研究室、科学研究展览馆等。朱德同志对师生们大搞技术革命和科学研究的成果表示满意，并给予鼓励，他还对学校工作作了重要指示。

合肥工大

HEFEI　GONG-DA

1960.5.31.　第239期　合肥工业大学校刊编辑室出版

董必武付主席来我校视察

听取了学校工作汇报　参观了科学研究展览馆　并作了重要指示

1960年5月31日的《合肥工大》报，刊登了董必武同志5月11日来校视察指导工作并题词的报道

（资料来源：合肥工业大学档案馆　档号：1960-Y-DZ-0028）

　　1960年5月11日，中华人民共和国副主席、中共中央政治局委员董必武同志来校视察。在听取党委书记、校长孙宗溶同志关于学校工作情况的汇报后，他对学校的教学、科研、生产劳动与师生生活等方面，都作了重要指示，还题词勉励全校师生："追求真理，破除迷信，任重致远，鼓足干劲，超英轶美，工业日进。"

1960年5月董必武同志来校视察并题词
（资料来源：合肥工业大学档案馆
档号：1960-SX12-0028）

理信远劲美进
真迷致干轶日
求除重足英业
追破任鼓超工

一九六零年五月十一日七
合肥工业大学
董必武题

合肥工大

HEFEI GONG—DA

第 225 期

1960.2.29.　　合肥工业大学校刊编辑室出版

德駐上海付总領事
阿克曼来我校参观

德意志民主共和国駐上海付总領事阿克曼和其夫人，于二月二十日前来我校参观。阿克曼付总領事，在孙宗濂校長陪同下，参观了我校地質标本室、机械制造厂和采矿工程系模型陈列室。

在参观中，阿克曼付总領事，对同学們所制成的科研展品，非常感兴趣。当参观机工厂时，看到劳动在机床劳的同学車出了一些零件时，阿克曼夫人深为讚嘆。

邓小平　彭眞等同志来我校視察

参观了科学研究展览館　作了重要指示

1960年2月29日的《合肥工大》报，刊登了邓小平、彭真等
中央领导同志2月23日来校视察指导工作的报道
（资料来源：合肥工业大学档案馆　档号：1960-Y-DZ-0028）

　　1960年2月23日，中共中央政治局常委、中共中央总书记邓小平同志，中共中央政治局委员、中共中央书记处书记彭真同志，中共中央书记处候补书记刘澜涛、杨尚昆等同志来校视察。

　　邓小平等中央领导同志亲临学校视察指导工作，再一次体现了党中央对学校的无比关怀，对每位师生都是一次莫大的光荣和鼓舞，激励着全校师生更加努力地工作，更好地将教学、科研和生产劳动相结合，戒骄戒躁，踏踏实实，努力攀登科学高峰。

合肥工业大学

邓小平同志为学校题写的校名
（资料来源：合肥工业大学档案馆　档号：1979-Y-SW-0001）

　　1979年7月16日，邓小平同志考察黄山。在启程返京前，为合肥工业大学题写了校名。"邓体"版的合肥工业大学校名一直沿用至今，成为鼓舞全校师生前行的无尽动力。

合肥工大

HEFEI　GONG - DA

1958.11.29.　　第146期　　合肥工业大学校刊编辑室出版

亲切关怀　　巨大鼓舞
我校运动员会见了贺副总理

十一月十日，我校男女篮、排球队的队员们，在北京体育馆会见了敬爱的贺龙副总理，并和贺副总理一起照了相。

这天，北京大气晴朗。虽是十一月天气，在朝阳照耀下，北京城还是很温暖，人们的心情舒畅，精神愉快，运动员早饭后都聚集体育馆门前，突然，贺副总理从侧门走了出来，大家都高兴得热烈鼓掌，欢迎敬爱的贺副总理。贺副总理迈着稳健的步伐，笑盈盈的向他们走来，并和运动员们一一握手。当同学们握着贺副总理的巨掌时，象一股热流通过全身，这时，什么都忘记了，只是连声说：贺副总理好，贺副总理健康。当贺副总理掀起徐克佐同学上衣，见到球衣上的字样说："你们是合肥矿业学院呀！"接着，贺副总理教导运动员们说："你们要加倍努力，刻苦锻炼。"贺副总理在和运动员们亲切的谈话时说："我很希望到合肥去一趟。"这时，运动员都高兴的跳起来，热烈鼓掌，表示衷心欢迎。

贺副总理走出体育馆门口，又会见了我校女排球运动员，她们见到贺副总理，都热情的跑来围着贺副总理问好。贺副总理见到我校女子排球运动员个子都不大，他说："你们要好好的研究如何以小的个子，战胜高个子。"这时，男子排球队的陈仁捷挤进来握和贺副总理站在一起，贺副总理对陈仁说："你的个子高，应更快提高技术，向国家和世界纪录进军。"在长时间的亲切谈话之后，贺副总理和男女篮排球队的队员合影。

贺副总理的亲切关怀，激动着他们每一个人的心情久久不能平静，都把这天永远记在心里。当晚，他们举行了座谈会。会上很多人表示，今后要加强政治挂帅，刻苦锻炼，创造优秀成绩，报答党和中央首长的亲切教导和无微不至的关怀，争取以优秀的成绩向贺副总理汇报。（蔡尤坤、徐克儒）

撮镇二号高炉产量增质量好
"百吨生铁支援"上海

撮镇二号高炉，自投入生产以后情况一直正常，炉产量逐渐提高。十一月二十一日一天中共产铁15072公斤，比过去的最高日产量14016公斤高出1056公斤。其中六点三十分一炉出铁2343公斤，比去年高炉产纪录1965公斤高出378公斤。21日高炉风温提高到380c°左右，进炉矿石增加到28吨，比平时增加约8吨，焦比为0.7，负荷能力加到了0.15。

二号高炉所生产的生铁，最近源源外调，支援上海和合肥等地炼钢需要。除调同一些来校炼钢和支援安徽日报社炼钢例外，最近又调拨110多吨给市指挥部特运上海，支援上海炼钢生产。

这个高炉不仅生产正常，而且生产的生铁多为灰口铁，含硫量低，质量较好。

南京航院田径队
来我校作友谊对抗赛

为了增进兄弟院校的友谊，交流体育运动经验，促进提高成绩，南京航空学院男女田径代表队一行27人（内有随队教师），将于12月2日来校，与我校田径代表进行友谊对抗赛。

对抗赛将于2日举行。

南京航空学院代表队于30日到达我校，当晚学校体委、团委、体育教研组、学生会举行欢迎晚会，以表示热烈欢迎。

航院田径代表队实力雄厚，曾在今年11月在江苏省高等学校田径运动大会上获得男子总分亚军，女子第三名的成绩。在单项方面成绩也好，男二百公尺低栏，曾以27秒的成绩破江苏省纪录，获第一名；男子五千、一万公尺，和撑竿跳高都破江苏省纪录，获得第一。女子方面这次前来参加对抗的共有9人，其中有该校红旗运动员一人，她是三项全能优秀运动员，现在已是一级运动员。另外还有两人在三项方面成绩较好。

1958年11月29日的《合肥工大》报，刊登了国务院副总理、国家体委主任贺龙同志在北京体育馆接见学校男女篮、排球运动员并合影留念的报道（资料来源：合肥工业大学档案馆　档号：1959-Y-DZ-0025）

　　1958年11月10日，在北京体育馆，贺龙副总理接见了学校男女篮、排球运动员，与队员们进行了亲切的交流谈话。他充分肯定了我校作为全国体育运动红旗学院所取得的成绩，并教导运动员们说："你们要加倍努力，刻苦锻炼。"在谈话结束后，贺龙副总理与运动员们一一握手并合影留念。

1955 年 5 月，合肥矿业学院挂牌成立时，中共安徽省委第一书记曾希圣同志为学校成立题词。1958 年 9 月，学校更名为合肥工业大学后，曾希圣同志为学校题写了校名。

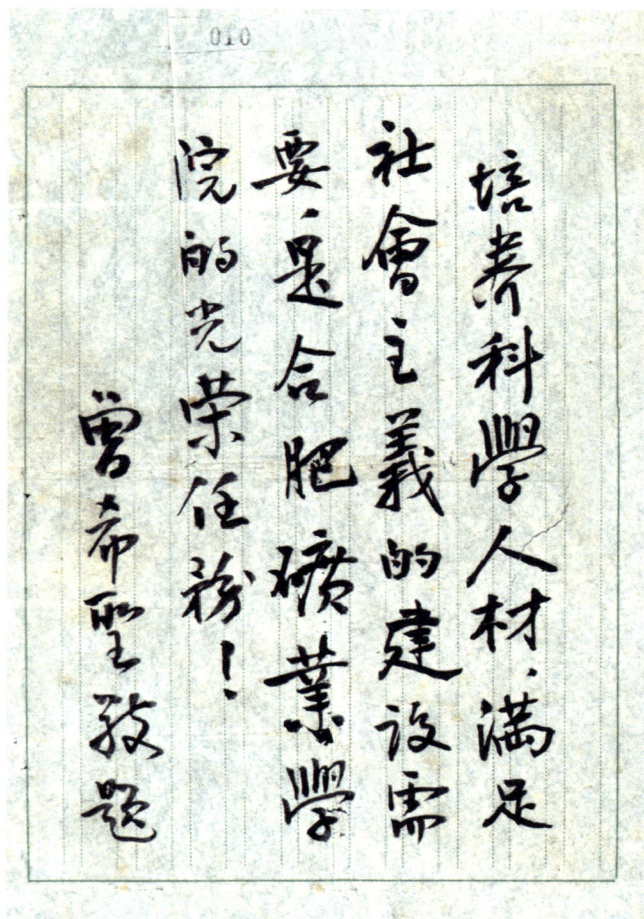

安徽省委第一书记曾希圣同志为学院成立题词
（资料来源：合肥工业大学档案馆
档号：1955-Y-DZ-0002-009）

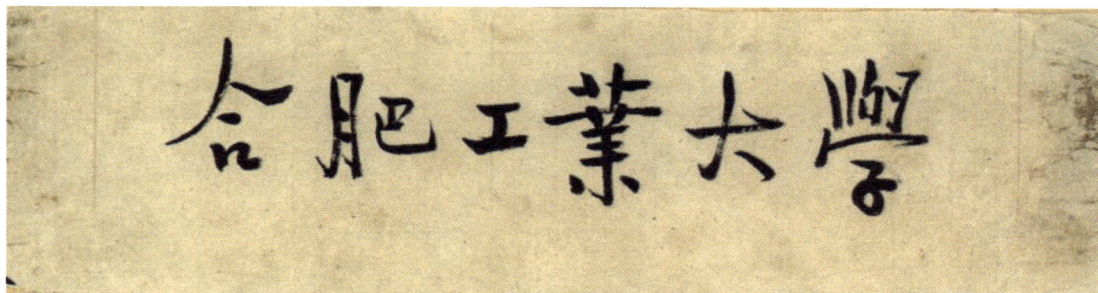

曾希圣同志题写的校名
（资料来源：合肥工业大学档案馆　档号：1958-Y-DZ-0006-018）

后　记

　　本书分为"崛起江淮　兴校图强""艰苦奋斗　自强不息""严谨求实　兢兢业业""攻坚克难　砥砺前行""领导关怀　春风化雨"共五个部分，参加编写人员如下：

　　陈晓媛负责1945年到1949年图片的搜集整理，组织沿革、国际交流、安徽省立工业专科学校部分文字的撰写；

　　崔月负责1949年到1953年图片的搜集整理，招生、就业、实习、后勤部分文字的撰写；

　　高淑珍负责1953年到1957年图片的搜集整理，成绩与专业设置、教学工作、学生工作和迁校部分文字的撰写；

　　俞志华负责1958年到1960年图片的搜集整理，体育、科研、发展规划部分文字的撰写；

　　吴卫丰负责1960年到1966年图片的搜集整理，生产劳动、立德树人、领导关怀部分文字的撰写，并负责统稿、审稿和定稿等工作。

　　在本书编写过程中，我们查阅了大量的档案和资料，同时也得到了安徽省档案馆、安徽省图书馆、合肥市档案馆、淮南市档案馆和合肥工业大学出版社章建老师的帮助，在此谨致谢忱。

　　由于合肥工业大学建校初期三易其址，涉及的内容点多面广，发展曲折，史料不全，再加上我们水平有限，书中遗漏和不当之处在所难免，恳请专家、师生校友批评指正。

编　者

2025年3月